遍名胜古迹

本书编写组◎编

YOUBIAN MINGSHENGGUJI

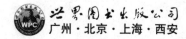

世界图书出版公司
广州·北京·上海·西安

图书在版编目（CIP）数据

游遍名胜古迹／《游遍名胜古迹》编写组编 . —广
州：广东世界图书出版公司，2010.11（2024.2 重印）
ISBN 978－7－5100－3023－9

Ⅰ. ①游… Ⅱ. ①游… Ⅲ. ①名胜古迹－简介－中国
Ⅳ. ①K928.7

中国版本图书馆 CIP 数据核字（2010）第 217431 号

书　　　名	游遍名胜古迹
	YOUBIAN MINGSHENG GUJI
编　　　者	《游遍名胜古迹》编委会
责任编辑	康琬娟
装帧设计	三棵树设计工作组
出版发行	世界图书出版有限公司　世界图书出版广东有限公司
地　　　址	广州市海珠区新港西路大江冲 25 号
邮　　　编	510300
电　　　话	020-84452179
网　　　址	http://www.gdst.com.cn
邮　　　箱	wpc_gdst@163.com
经　　　销	新华书店
印　　　刷	唐山富达印务有限公司
开　　　本	787mm×1092mm　1/16
印　　　张	13
字　　　数	160 千字
版　　　次	2010 年 11 月第 1 版　2024 年 2 月第 10 次印刷
国际书号	ISBN　978-7-5100-3023-9
定　　　价	59.80 元

前　言

　　我国是世界上最古老的文明国家之一，名胜古迹众多。古老又雄伟的万里长城是历史上许多重大事件的见证；甲天下的桂林山水以山青、水秀、洞奇、石美而享誉天下；杭州西湖以其秀丽的湖光山色和众多的名胜古迹被称为"人间的天堂"；北京故宫是无与伦比的古代建筑的杰作；悠久典雅的苏州园林吸引着无数人的眼球；安徽黄山集名山之长有"天下第一奇山"的美称；长江三峡以险峻的地形、绮丽的风光、磅礴的气势著称；台湾日月潭环湖皆山，形成"青山拥碧水，明潭抱绿珠"的美丽景观；"集天下景色于一园，移天缩地于一方"的承德避暑山庄是我国现存占地最大的古代帝王宫苑；秦陵兵马俑因其巨大的规模和丰富的陪葬物被称为一座历史文化宝库……

　　本书让青少年漫步在这些名山胜水之中，不仅可以领略到祖国的大好河山，还能从中感悟到祖国博大精深的历史文化。本书分为名山胜景篇、古城古镇篇、古寺名刹篇、恢弘皇陵篇、经典园林篇、湖泊瀑布篇和森林公园篇七个部分，囊括了众多的名胜古迹。内容符合青少年的阅读需求，语言简洁生动，充满了知识性和趣味性。希望阅读本书能开阔青少年读者的视野，拓展青少年读者的思维，从而丰富青少年的课余生活。

目　录

目·录

YOU BIAN MING SHENG GU JI

游·遍·名·胜·古·迹

游·遍·名·胜·古·迹

YOU BIAN MING SHENG GU JI

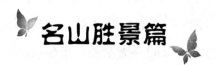

名山胜景篇

泰　山

我国最美的、最令人震撼的十大名山之一的泰山巍然屹立于山东省中部，是齐鲁大地上一颗璀璨的明珠。泰山又名岱山、岱宗，是我国五岳之首，素称"五岳独尊"、"天下第一山"。

几千年来，泰山成为历代帝王封禅祭天的神山，随着帝王封禅，泰山被神化，因而又享有"五岳之长"的称号。泰山居高临下，凌驾于齐鲁丘群之上，真正成了茫茫原野上的"东天一柱"。这样古人便有泰山为天下之中的感觉，也就有了孔子"登泰山而小天下"之语和唐代诗人杜甫"会当凌绝顶，一览众山小"的佳句。

泰山是我国著名的山岳公园。泰山山势磅礴，雄伟壮丽，山谷幽深，林木繁茂，著名景观有天烛峰、日观峰、百丈崖、仙人桥、五大夫松、望人松、龙潭飞瀑、云桥飞瀑、三潭飞瀑等。泰山之胜，在于一登。从山脚的岱宗坊出发沿7000多级的石阶拾阶而上，仿佛置身于一幅浓墨重彩的山水画之中。途中险处不多，只是快到南天门的十八盘，山路陡峭，险象环生。

泰山是一本天然的历史书，全山有古建筑群20多处，历史文化

遗迹 2000 多处。它用山体、岩石、林木记载了几千年来数以百代帝王或代表帝王的使臣封禅祭祀的历史。从先秦时代到我国封建社会结束，形成了最具代表性的帝王封禅祭祀、百姓朝山进香的路线，即从祭地的嵩里山经帝王驻地的泰城岱庙，到封天的玉皇顶，构成了长达 10 千米的地府—人间—天堂的一条轴线。

泰山还是一座文物古迹宝库。从岱庙到山顶的碧霞祠，沿途有无数的碑刻和古建筑。岱庙面积 9 万多平方米，规模宏大，殿内的巨幅壁画"启跸回銮图"是极其珍贵的文物。经石峪摩崖石刻被人称为"泰山三瑰宝"之一，其中《金刚经》字径 0.5 米，笔风遒劲有力，被称为"榜书之宗"、"大字鼻祖"。唐玄宗李隆基亲笔撰写的《纪泰山铭》更是金光灿灿，洋洋洒洒，与经石峪石刻齐名。另外还有王母池、五松亭、普照寺等古迹。

今日之泰山，正以其雄伟壮丽、庄严伟岸的风姿和源远流长、博大精深的文化内涵，卓然屹立于世界的东方，展示着文明古国的风采。

嵩 山

中岳嵩山古称太室山，位于河南省登封市境内。总面积 450 平方千米，东依省会郑州，西临古都洛阳，北临黄河，南靠颍水。嵩山由太室山和少室山组成，全山有 72 峰，最高峰（峻极峰）1491.7米，东西绵延约 60 余千米。嵩山峰多寺也多，有"上有七十二峰，下有七十寺"之说。嵩山是历代帝王将相封禅祭祀，文人学士游宴讲学，佛、道、儒传习修炼的重要场所，名胜古迹星罗棋布，被誉为三教荟萃之地，以其"奥"闻名于世。

嵩山风景名胜区由少林寺、中岳庙、嵩阳书院、观星台、三皇寨、白沙湖6大景区组成。景区各具特色，各藏奥妙。正如清乾隆皇帝所云："嵩山好景几千秋，云雨自飞水自流。远观南海三千里，近望西湖八百洲。万里长江飘玉带，一轮明月滚绣球。好景一时观不尽，天生有缘再来游。"这些自然景观或雄壮魁伟、秀逸诱人，或飞瀑腾空、层峦叠嶂、多彩多姿。嵩山林木葱郁，一年四季迎送风雪雨霜，生机盎然。峻极峰上松林苍翠，山风吹来呼啸作响，轻如流水潺潺，猛似波涛怒吼，韵味无穷。秋季的嵩山，少室山的红叶更是迷人。少室山山势陡峭险峻，奇峰异观，比比皆是。登上山顶环顾四周，群山碧绿，林海荡漾，雪雾缥缈如临仙境。灵霄峡、大仙峡、响潭沟、挂冰崖、水帘洞、回音楼等景物自然天成，引人入胜。

嵩山除优美的自然风光外，更以星罗棋布的名胜古迹、亭台楼阁著称。著名的有北魏嵩岳寺塔、汉代嵩山三阙、元代观星台、少林寺、中岳庙、会善寺、法王寺塔、初祖庵、嵩阳书院、刘碑寺题刻等。

少林寺位于嵩山少室山北麓五乳峰下，为我国佛教禅宗祖庭和少林武术的发祥地。少林寺有"天下第一名刹"的美称，现存建筑为7进，面积3万平方米，建筑多为明、清遗留，主要有山门、天王殿、大雄宝殿、藏经阁、方丈室、达摩亭、毗卢殿等。门上匾额"少林寺"为康熙皇帝亲笔所书。

中岳庙为北天师道的发祥地，是我国著名的古代建筑群之一。始建于秦，历代重修扩建，现存庙宇为清代依北京故宫形式规模重建，占地11万平方米，有殿、宫、楼、阁等建筑400余间。中岳庙坐北朝南，山峦环拱，高低有致，雄伟壮观。主要建筑有中华门、

天中阁、崇圣门、三化门、中岳大殿、峻极门、峻极坊、寝殿等。

嵩阳书院为北宋四大书院之一。观星台景区、三皇寨景区、白沙湖景区则突出古、奇、险、秀的特色。六大景区各具千秋，各有神韵。

嵩山还是《三皇经》、《五岳真形图》和《阴符经》的发祥地，嵩山山势雄浑，古老神奇，文化灿烂，景色瑰丽，丰富的人文景观和自然景观为嵩山赢得了众多美誉：历史学家称它为"文物之乡"；建筑家称它为"建筑艺术宫"；书画艺术家称它为"书画艺术珍藏馆"；地质学家称它为"五世同堂"；旅游家誉它为"五岳之尊"；武术界认为它"天下功夫第一"。

衡　山

衡山又称南岳，是我国五岳之一，位于湖南省衡阳市南岳区。衡山山势雄伟，共有72山峰，其中祝融峰为最高峰，海拔1290米。由于气候条件较其他四岳好，处处是茂林修竹，终年翠绿；奇花异草，四时飘香，自然景色十分秀丽，因而又有"南岳独秀"的美称。

南岳之秀，在于无山不绿，无山不树。那连绵飘逸的山势和满山茂密的森林，四季常青，就像一个天然的庞大公园。南岳如果只是这些树木呈现的秀色，那还不足以在天下名山中如此令人瞩目。这种秀色只是它的外在之美，而秀中有"绝"，才是它的深远内涵。衡山美景处处，其中祝融峰之高、方广寺之深、藏经殿之秀、水帘洞之奇、禹王城之古、诚心桥之险、龙凤潭之雄、麻姑仙境之幽为南岳"八绝"。

衡山古刹如林，佛道共存。南岳最大的寺庙是位于山脚下的南岳庙。南岳庙始建于唐代，现存建筑是清代重修的。它占地面积为7.68万平方米，规模宏大，布局严谨，包括圣帝殿、寝宫、御书楼、盘龙亭等建筑。另外还有福严寺、南台寺、藏经殿、广济寺等古迹。

南岳历史悠久，人文荟萃。历代帝王和文人墨客都来此狩猎、祭祀、寻古探幽、讲学布道，留有许多古迹和大量诗词歌赋、石刻等。因此南岳有了"文明奥区"的盛誉，为中华民族文化艺术的一座宝库。南岳衡山还有许多名胜古迹和神话传说，吸引了历代各种人物，形成丰富多彩的文化沉积，宛如一座辽阔的人文与山水文化和谐统一、水乳交融的巨型公园。

华　山

西岳华山位于陕西西安以东120千米的华阴市，古称太华山，海拔2200米，居五岳之首，是我国国家级风景区。

在五岳之中，华山以险著称，登山之路蜿蜒曲折，长达12千米，到处都是悬崖绝壁，所以有"自古华山一条路"之说。由于华山太险，所以唐代以前很少有人登临。历代君王祭西岳，都是在山下西岳庙中举行大典。华山五峰中又以东峰（朝阳）、西峰（莲花）、南峰（落雁）三峰较高：东峰是凌晨观日出的住处；西峰的东西两侧状如莲花，是华山最秀奇的山峰；南峰落雁是华山最高峰。三峰以下还有中峰（玉女）和北峰（云台）两峰。玉女峰相传曾有玉女乘白马入山间。云台峰顶平坦如云中之台，著名的"智取华山"

的故事就发生在这里。

东峰又名朝阳峰，海拔2096.2米，峰头斜削，绝壁千丈，山势壮丽，古松参天。上有朝阳台为东峰绝顶，登临而上，可以观东海日出。每当晴天破晓之际，一轮红日冉冉升起，水面上闪烁着万道霞光。在这里还可以观赏到许多名胜景物：位于东石楼峰侧的崖壁上有天然石纹，像一巨型掌印，这就是被列为关中八景之首的华岳仙掌，巨灵神开山导河的故事就源于此；朝阳台北有杨公塔，与西峰杨公塔遥遥相望。此外，东峰还有青龙潭、甘露池、三茅洞、清虚洞、八景宫、太极东元门等。遗憾的是有些景观因年代久远或天灾人祸而废，现仅存遗址。20世纪80年代后，东峰部分景观逐步得以修复，险道整修加固，亭台重新建造，在1953年毁于火患的八景宫旧址上，已重新矗立起一栋两层木石楼阁一座，是为东峰宾馆。

西峰海拔2082.6米，古代文人多称其为"莲花峰"、"芙蓉峰"。西峰为一块完整巨石，浑然天成。西北绝崖千丈，似刀削锯截，其陡峭巍峨、阳刚挺拔之势是华山山形的代表，因此古人常把华山叫莲花山。登西峰极目远眺，只见四周群山起伏，云霞四披，周野屏开，黄渭曲流，仿佛置身其中若入仙乡神府，心中的万种俗念，也一扫而空了。西峰南崖有山脊与南峰相连，脊长300余米，石色苍黛，形态好像一条屈缩的巨龙，人称屈岭，也称小苍龙岭，是华山著名的险道之一。西峰上景观比比皆是，有翠云宫、莲花洞、巨灵足、斧劈石、舍身崖等，并伴有许多美丽的神话传说，其中尤为沉香劈山救母的故事流传最广。峰上崖壁题刻遍布，工草隶篆，琳琅满目。峰北绝顶叫西石楼峰，峰上杨公塔为杨虎城将军所建，塔上有杨虎城将军亲笔题词。塔下岩石上有"枕破鸿蒙"的题刻，是书法家王铎的手迹。

南峰海拔2154.9米，是华山最高峰，古人尊称它"华山元首"。

南峰山间松林迤逦（yǐ lǐ）数里，中间夹杂有桧柏树，浓荫匝地。南峰顶上有老君洞，相传道家始祖老子隐居于此，南峰顶最高处的岩石上有"真源"两个大字。此外南峰上还有老子峰、炼丹炉、八卦池，这些景点都与老子的传说有关。老君洞北有太上泉，东流洞下，泉水终年碧绿，今称"仰天池"。在其东面崖下有"南天门"石坊。南峰上还有明代建造的金天宫，又名白帝祠，供奉的是华山神少昊。在从南峰到东峰的山路上还有两处景点：一是避诏崖，据说著名道士陈抟为躲避皇帝征召曾避居此处的山洞中；另一处是长空栈道，栈道依悬崖开凿，游人需手扶铁索木栏而过，是华山上又一险处。

北峰是五峰中最矮的，上山的缆车就在这里下客。北峰上行，过擦耳崖、爬天梯、就到了苍天岭，这处地方宽不及 1 米。过苍龙岭、五云峰就到了金锁关。再往东是东峰的观日台，往南上天梯就是东峰之顶，往西则是中峰。

中峰也叫玉女峰，它略低于东、西、南峰，海拔 2042.5 米。现在所看到的玉女祠建筑是在清康熙三十八年（1699 年）修建的。底部为一巨型龟形石，东边为头，西边是壳。在龟石下边当年玉女修真处的石洞就势改造为旅社，冬暖夏凉。

"自古华山一条路。"这决不是夸大之词。华山奇峰耸立，瑞星主云中，崖陵壁峭，一条栈道蜿蜒于悬崖绝壁之间，令游人长吸一口冷气。但华山的无限风光尽在奇险二字中。奇险往往与秀美相映相衍。"奇"激发好奇心；"险"激发好胜心，显示自己的力量和勇气；"美"荡尽心中尘杂琐事，达到与物我两忘的境界。每年都有朝圣般的游人，不顾艰险，奋力攀登。

古往今来，大凡登华山的人，多半是为观日出而来。仲夏之时是观日出的最佳时机。李白有诗云："西岳峥嵘何壮哉，黄河如丝天际来"。

恒　山

　　北岳恒山又名太恒山，位于山西省大同市浑源县城南 10 千米处。恒山雄伟险峻，气势磅礴，景区总面积 147 平方千米，是我国重要的文物古迹荟萃处和道教发祥地。主峰天峰岭在浑源县城南，海拔 2016.8 米，被称为"人天北柱"、"绝塞名山"、"天下第二山"。

　　恒山呈东北—西南走向，横跨塞外，东连太行，西跨雁门，东西绵延 250 千米，号称 108 峰。倒马关、紫荆关、平型关、雁门关、宁武关虎踞为险，是塞外高原通向冀中平原的咽喉要道，自古为兵家必争之地。主峰天峰岭海拔 2016 米，被称为"人间北柱"。苍松翠柏、奇花异草、怪石幽洞构成了如诗如画的恒山美景。登上恒山，"云阁虹桥"、"云路春晓"、"虎口悬松"、"果老仙迹"、"断崖啼鸟"、"夕阳晚照"等十八胜景，犹如 18 幅美丽画卷展现在游客面前，仿佛置身于世外桃源，有"绝塞名山"的美誉。

　　恒山曾名常山、恒宗、元岳、紫岳。据史书记载，恒山最早开发于汉代，北魏时期最盛。后经唐、金、明、清历代扩建和重修，留下了大量的文物古迹，有"三寺四祠九亭阁，七宫八洞十二庙"之说。今尚存悬空寺、朝殿、九天宫、会仙府等寺庙 30 多处。建于北魏后期的悬空寺，是我国少有的佛、道、儒三教合一的寺院，它镶嵌在险峻的峭壁之上，上负危岩，下临深谷，依岩傍石，凌空飞架，具有险、奇、巧的特点，是恒山十八胜中的第一奇观，闻名天下。漫游寺中，钻石窟、绕长廊、走栈道、爬悬梯，曲折迂回，忽上忽下，如入迷宫，令人乐而忘返。坐落于半山峭壁之下的朝殿为北岳主庙，又称恒宗殿、元灵宫，气势雄伟恢宏，环境清幽超俗。殿内供奉着北岳大帝金身塑像。四周碑石林立、匾额楹联众多，常年香烟弥漫，钟鼓不绝。

天台山

天台山风景名胜区地处浙江省天台县境内，是杭宁温三角的中心，面积150平方千米。天台山以"山水神奇、佛宗仙源"著称，素有"黄山之秀，天台之奇"之说。

天台山群峰竞妍，奇岩多姿，飞瀑腾空，修竹蔽日，多悬岩、峭壁、瀑布，以石梁瀑布最有名。570年南朝梁佛教高僧智颐（yǐ）在此建寺，创立天台宗。天台山还是名僧济公的故乡。其主峰华顶峰海拔1138米。山中美景处处，有清帝乾隆御批"天台十景图"：赤城栖霞、双涧回澜、螺溪钓艇、石梁飞瀑、华顶归云、凉台夜月、桃源春晓、寒岩夕照、清溪落雁、南山秋色。

天台山的国清寺是605年隋炀帝敕建立的，清雍正年间重修，为我国保存完好的著名寺院之一。它为天台宗总道场，是日韩两国天台宗祖庭，建在华顶山南麓，建筑规模宏大，有殿宇14座，房屋600余间，总面积73000平方米，主要建筑分布在3条轴线上。整个建筑群由1800余米的环廊连接，高低错落有致，禅门深深，堪称古代建筑之奇。大雄宝殿内供奉着明代铜铸贴金释迦牟尼坐像，金碧辉煌；殿东侧有一颗隋代古梅，枝叶繁茂。

天台山的自然景观得天独厚，人文景观悠久灿烂。这里既有汉

名山胜景篇

末高道葛玄炼丹的"仙山"桃溪、碧玉连环的"仙都"琼台、道教"南宗"圣地桐柏、天下第六洞天玉京；又有佛教"五百罗汉道场"石梁方广寺、隋代古刹国清寺、唐代诗僧寒山子隐居地寒石山、宋禅宗"五山十刹"之一万年寺和全国重点寺院高明寺；还有那画不尽的奇石、幽洞、飞瀑、清泉，说不完的古木、名花、珍禽、异兽，因而获得"佛宗道源，山水神秀"的美称。

武当山

武当山，又名太和山、仙室山，古有太岳、玄岳、大岳之称，位于湖北省十堰市丹江口市境内。它源于陕西省秦岭，是大巴山脉向东延伸的余脉；背倚苍茫千里的神农架原始森林；面临碧波万顷的丹江口水库。整个景区面积312平方千米，分为6大景区，是联合国公布的世界文化遗产地，是我国国家重点风景名胜区、道教名山和武当拳的发源地。

武当山不仅拥有奇特绚丽的自然景观，而且拥有丰富多彩的人文景观。可以说，武当山无与伦比的美是自然美与人文美高度和谐的统一，因此武当山被誉为"亘古无双胜境，天下第一仙山"。

受历史文化和地理环境的影响，武当山形成了自己独有的四大特色：风光旖旎（yǐ nǐ）的自然景观，规模宏大的古建筑群、历史悠久的道教文化、饮誉中外的武当拳术。景区内山峰林立，古木参天，悬崖、深涧、幽洞、清泉星罗棋布，有3潭、8井、9泉、10池、36岩、72峰等景点。主峰天柱峰即"金顶"，海拔1612米，是武当山的最高峰，山体表面的云母岩在阳光下熠熠生辉。天柱峰犹如一个金雕玉琢的宝柱直插云霄，被誉为"一柱擎天"。72 座山峰像一个个虔诚的朝圣者朝向天柱峰，恰似百朵莲花。

武当山是我国道教第一名山。武当山古建筑群规模宏大，气势雄伟。据统计，唐至清代共建庙宇 500 多处，庙房 20000 余间，明代达到鼎盛，历代皇帝都把武当山道场作为皇室家庙来修建。明永乐年间，大建武当，史有"北建故宫，南建武当"之说，共建成 9 宫、9 观、36 庵堂、72 岩庙、39 桥、12 亭等 33 座道教建筑群，面积达 160 万平方米。这些建筑或屹立高山之巅，或隐于悬崖绝壁之内，依山而就，错落有致，规模宏大，气势磅礴，素有"五里一庵十里宫，丹墙翠瓦望玲珑"的美誉。金殿俗称金顶，高 5.54 米、宽 4.4 米，是我国现存最大的古铜建筑物；紫霄宫重檐九脊，翠瓦丹墙，飞金流碧，富丽堂皇，此外还有太和宫、南岩宫、五龙宫、遇真宫、玉虚宫、元和观、磨针井、玄岳门等建筑。武当山还是我国武术的发祥地，不仅在我国武术界占有泰山北斗的地位，而且在海内外也有巨大影响。

长白山

长白山位于吉林省延边朝鲜族自治州安图县和白山市抚松县境内，是中朝两国的界山，中华十大名山之一，因其主峰多白色浮石与积雪而得名，素有"千年积雪为年松，直上人间第一峰"的美誉。我国境内的白云峰海拔高度 2691 米，是东北第一高峰。长白山还有一个美好的寓意"长相守、到白头"。

长白山山路崎岖，天气变化无常，忽阴忽晴、忽雨忽雾。据有关资料介绍，长白山一年 365 天中，有 360 天下雨下雪，只有 60 多天是好天气。

由于气候高低悬殊及奇特的地质地貌，长白山自下而上形成四个明显的垂直景观带，展现了从温带到寒带的不同景观：针阔叶林混交林带；针叶林带；岳桦林带；海拔 2000 米以上是高山苔原带。从山下到山上不过几十千米，却荟萃了我国从南到北几千千米的自然景观。长白山是一座巨型复合式的盾状火山体，每 300~400 年间爆发一次，每次喷发都有大量的熔岩物质堆积在火山口周围，自 1702 年 4 月停止喷发后，火山口积水形成天池，而大量的熔岩物质则在天池周围形成了 16 座千姿百态海拔在 2500 米以上的山峰，天晴时，群峰毕露，直插蓝天，气势极为雄伟壮观。

长白山有语言和文字留传下来的历史，最早可以追溯到 4000 多年前。这座具有百年以上历史的山脉，汇集了从温带到寒带的多种动植物物种，是生态系统保存最完整的区域，被誉为"世界物种基因库"。据统计，这里生存着 1800 多种高等植物，栖息着 50 多种兽类，280 多种鸟类，50 种鱼类以及 1000 多种昆虫。长白山的密林深处盛产人参、北五味子等药材，野生动物有濒临灭绝的东北虎及马鹿、紫貂、水獭和黑熊等。鸟类中鸳鸯、黑鹳、绿头鸭等候鸟占 70%。

著名的长白山天池位于长白山主峰火山锥体的顶部，是我国最大的火山口湖，荣获海拔最高的火山湖吉尼斯世界之最。天池四周奇峰林立，池水碧绿清澈，是松花江、图们江、鸭绿江的三江之源。从天池倾泻而下的长白飞瀑，是世界落差最大的火山湖瀑布，它轰鸣如雷，水花四溅，雾气遮天。位于冠冕峰南的锦江瀑布，两次跌落汇成巨流，直泻谷底，惊心动魄，与天池瀑布一南一北，遥相呼应，蔚为壮观。生动地再现了"疑似龙池喷瑞雪，如同天际挂飞流。"的神奇境界，游者身临其境，会产生细雨飘洒、凉透心田的惬意感受。鸭绿江大峡谷和长白山大峡谷集奇峰、怪石、幽谷、秀水、古树、珍草为一体，沟壑险峻狭长，溪水淙淙清幽。其博大雄浑的风格和洪荒原始的意境，深深地震撼了旅游者的心魄。

五台山

坐落于"华北屋脊"上的五台山位于山西省的东北部，距太原市230千米，五台山与四川峨眉山、浙江普陀山、安徽九华山并称为我国著名的佛教四大名山。是我国佛教及旅游胜地，列我国十大避暑名山之首。

五台山因以台怀镇为中心，周围有东、西、南、北、中五座山峰环抱，五峰耸峙，犹如叠土之台，故称五台。其中北峰——叶斗峰海拔3058米，是五峰中最高的山峰，有"华北屋脊"之称。这里峰峦叠翠，沟壑纵横，谷河漫流，林木葱茏；气候奇特诱人，最冷的地方终年结坚冰，最暖处，冻不封河，常年无霜，使整个五台山温差很大。由于五台山五峰高耸，盛夏气候凉爽，所以五台山又有"清凉山"之称。

奇险高耸的峰崖、森严挺拔的古松劲柏、弥漫沉浮的云山雾海、金碧辉煌的殿宇楼台构成了五台山奇异瑰丽的画卷。盛夏登临北台台顶极目远眺，千峰竞秀，云海翻腾。有时，还会出现难得的奇景："或者山下大雨倾盆，山上红日摩顶；或者山下绿柳泛翠，百花争春，山顶却是白雪皑皑。"

五台山现有建筑比较完整的寺院95处，其中南禅寺和佛光寺建

名山胜景篇

于唐代，是我国现存最早的木结构建筑，气势宏伟的建筑物，精美绝伦的雕刻，折射着历史的光辉。佛光寺被我国著名的建筑学家梁思成称为"我国第一国宝"，更有"亚洲佛光"之称。这些古朴典雅的艺术珍品和珍贵文件，不仅反映了我国古代宗教和建筑艺术发展的历史风貌，而且凝聚着1000多年来中华民族文化艺术的精华。

庐 山

庐山位于江西省九江市南，东濒鄱阳湖，北临长江。庐山蜿蜒绵亘25千米，宽约10千米，有99峰，主峰汉阳峰海拔1474米。自古以奇峰、泉瀑、云雾、古迹著称，有"匡庐奇秀甲天下"之誉。

庐山是一座东北—西南走向的地垒式断块山，外险内秀，具有河流、湖泊、坡地、山峰等多种地貌，远看一山矗立，近看千峰错落。由于庐山临江靠湖，江湖中升腾的水汽遇山上的低温形成雾海，所以给它蒙上了一层神秘的面纱。唐代诗人李白诗云："日照香炉生紫烟，遥看瀑布挂前川。飞流直下三千尺，疑是银河落九天。"三叠泉瀑布，水分三级挂于铁壁峰前，落差达155米：上叠形如飘雪拖练，中叠势如碎玉摧水，下叠状如玉龙跃潭，被称为"庐山第一奇观"。山上有小天池、望江亭、天桥、花径、大天池、龙首崖、仙人洞、含鄱口等著名景点。小天池是一潭神奇的药池，久旱不枯，久雨不淹。天池亭位于山巅，是眺大江、观云海、看日出、赏晚霞的好地方。含鄱口，形似一个天然豁口，与碧波万顷的鄱阳湖遥遥相对，大有气吞鄱阳湖之势，故名"含鄱口"。

庐山生物资源也很丰富，森林覆盖率达76.6%，高等植物近

3000 种、昆虫 2000 余种、鸟类 170 余种、兽类 37 种。山麓鄱阳湖候鸟保护区是"鹤的王国"，有世界最大的白鹤群，被誉为我国的"第二座万里长城"。

庐山不仅有秀美的自然景观，也有悠久丰富的历史内涵，是我国佛教圣山之一。2000 多年来文人墨客纷至沓来，留下 4000 多首诗词歌赋、400 多处摩崖题刻及晋代东林寺、宋代观音桥和白鹿洞书院等名胜古迹。

黄　山

黄山位于安徽省南部黄山市，为三山五岳中三山的之一，有"天下第一奇山"之美称。为道教圣地，遗址遗迹众多，传说轩辕黄帝曾在此炼丹。

黄山集名山之长：泰山之雄伟、华山之险峻、衡山之烟云、庐山之飞瀑、雁荡山之巧石、峨眉山之清凉。明代旅行家、地理学家徐霞客两游黄山赞叹说："登黄山天下无山，观止矣！"又留"五岳归来不看山，黄山归来不看岳"的美誉。

黄山经历了漫长的造山运动和地壳抬升，以及冰川和自然风化作用才形成其特有的峰林结构。黄山群峰林立，72 峰素有"三十六大峰，三十六小峰"之称，主峰莲花峰海拔高达 1864 米，与平旷的光明顶、险峻的最高峰天都峰一起雄踞在景区中心，周围还有 77 座千米以上的山峰，群峰叠翠，有机地组合成一幅有节奏旋律的、波澜壮阔、气势磅礴、令人叹为观止的立体画面。

黄山自古闻名，许多文人前来游历并留下名诗吟诵。另外还有

寺庙亭台，为黄山增色。自古为道教名山，方圆250千米，山中以道教命名的名胜有朱砂峰、炼丹峰、天都峰、轩辕峰、仙人峰、丹井、试剑石、蒲团松、仙人晒靴石、仙女绣花石、望仙台、炼丹台、炼丹源、神仙洞等。山南部朱砂峰下的慈光阁和山北部叠嶂峰下的松谷庵均为道教庙宇。

🦋 黄山五绝——奇松、怪石、云海、温泉、冬雪

　　黄山延绵数百里，千峰万壑，比比皆松。黄山松是由黄山独特地貌、气候而形成的中国松树的一种变体。黄山松一般生长在海拔800米以上的地方，通常是黄山北坡在1500～1700米处，南坡在1000～1600米处。黄山松的种子能够被风送到花岗岩的裂缝中去，以无坚不摧、有缝即入的钻劲在那里生根、发芽、成长。最著名的黄山松有迎客松、送客松、蒲团松、黑虎松、探海松和卧龙松等。黄山松姿态坚韧傲然，美丽奇特，但生长的环境十分艰苦，因而生长速度异常缓慢，一棵高不盈丈的黄山松，往往树龄上百年，甚至数百年。因此，黄山松的根部常常比树干长几倍、几十倍，由于根部很深，黄山松能坚强地立于岩石之上，虽历风霜雨霜却依然永葆青春。

　　黄山千岩万壑，几乎每座山峰上都有许多灵幻奇巧的怪石，黄山怪石以奇取胜，以多著称。迄今为止，已被命名的怪石有120多处，其形态可谓千奇百怪，令人叫绝：似人似物，似鸟似兽，情态各异，形象逼真。黄山怪石在不同的天气，从不同的位置观看情趣迥异，可谓"横看成岭侧成峰，远近高低各不同"。怪石的分布可谓遍及峰壑巅坡，或兀立峰顶或戏逗坡缘，或与松结伴，构成一幅幅天然山石画卷。

　　大凡高山都可以见到云海，但是黄山的云海更有特色。自古黄山云成海，黄山是云雾之乡，以峰为体，以云为衣，其瑰丽壮观的

"云海"以美、胜、奇、幻享誉古今，一年四季皆可观尤以冬季景最佳。依云海分布方位，全山有东海、南海、西海、北海和天海；而登莲花峰、天都峰、光明顶则可尽收诸海于眼底，领略"海到尽头天是岸，山登绝顶我为峰"的境地。

黄山"五绝"之一的温泉，古称汤泉，源出海拔850米的紫云峰下，水质以含重碳酸为主，可饮可浴。传说轩辕黄帝就是在此沐浴七七四十九日得以返老还童，羽化飞升的，故又被誉之为"灵泉"。

黄山的冬雪可称得上是大自然的上乘之作，是精品中的"极品"，是当之无愧的黄山"第五绝"。黄山冬雪不同于北国的冬雪，它不是那种厚重严实，并且持久不化的雪，黄山的冬雪，妙就妙在与黄山的松、石、云、泉巧妙而完美的结合。飞雪、冰挂、雾凇堪称黄山奇景。

峨眉山

峨眉山地处长江上游，屹立于大渡河与青衣江之间，位于四川峨眉山市境内，景区面积154平方千米，最高峰万佛顶海拔3099米。因其地势陡峭，风景秀丽，有"秀甲天下"的美誉。

峨眉山包括大峨眉、二峨眉、三峨眉、四峨眉。大峨山为峨眉山的主峰，通常说的峨眉山就是指的大峨山。大峨、二峨两山相对，远远望去，双峰缥缈，犹如画眉。这种陡峭险峻、横空出世的雄伟气势，使唐代诗人李白发"峨眉高出西极天"、"蜀国多仙山，峨眉邈难匹"的赞叹。峨眉山以多雾著称，常年云雾缭绕，雨丝霏霏。

弥漫山间的云雾变化万千，把峨眉山装点得婀娜多姿。主峰高出成都平原 2500~2600 千米。峨眉山为褶皱断块山地，断裂处河谷深切，一线天、舍身崖等绝壁高达 700~850 千米。山上多佛教寺庙，向为著名游览地。

峨眉山层峦叠嶂、山势雄伟，景色秀丽，气象万千，素有"一山有四季，十里不同天"之妙喻。清音阁以下为低山区，植被葱郁、风爽泉清，气温与平原无大差异。清音阁至洗象池为中山区，气温已较山下平原低 4℃~5℃。洗象池至金顶为高山区，人行云中，风寒雨骤，气温比山下报国寺等处低约 12℃。

清代诗人谭钟岳将峨眉山佳景概括为 10 种："金顶祥光"、"象池月夜"、"九老仙府"、"洪椿晓雨"、"白水秋风"、"双桥清音"、"大坪霁雪"、"灵岩叠翠"、"罗峰晴云"、"圣积晚种"。现在人们又不断发现和创造了许多新景观，峨眉新十景为："金顶金佛"、"万佛朝宗"、"小平情缘"、"清音平湖"、"幽谷灵猴"、"第一山亭"、"摩崖石刻"、"秀甲瀑布"、"迎宾滩"、"名山起点"，无不引人入胜。进入山中，重峦叠嶂，古木参天；峰回路转，云断桥连；涧深谷幽，天光一线；万壑飞流，水声潺潺；仙雀鸣唱，彩蝶翩翩；灵猴嬉戏，琴蛙奏弹；奇花铺径，别有洞天。春季万物萌动，郁郁葱葱；夏季百花争艳，姹紫嫣红；秋季红叶满山，五彩缤纷；冬季银装素裹，白雪皑皑。登临金顶极目远望，视野宽阔无比，景色十分壮丽。观日出、云海、佛光、晚霞，令人心旷神怡；西眺皑皑雪峰、贡嘎山、瓦屋山，山连天际；南望万佛顶，云涛滚滚，气势恢弘；北瞰百里平川，如铺锦绣，大渡河、青衣江尽收眼底。置身峨眉之巅，真有"一览众山小"之感叹。

峨眉山主峰万佛顶海拔 3099 米。全山形势巍峨雄壮，草木植被浓郁葱茏，故有"雄秀"美称。因为高度可观、面积庞大，登山路线几近百里，对普通攀登者形成有力挑战。近年来建成了登山索道，游人已可轻松登临，去极顶俯瞰万里云海，在金顶可欣赏"日出"、"云海"、"佛光"和"圣灯"四大绝景。佛光是峨眉山最壮美的奇观。峨眉山上共有佛寺数十处，寺内珍藏有许多精美的佛教瑰宝。许多笃信佛教的老人不辞艰苦，一步一歇，历经数十日登上山顶。无数慕名猎奇的游客远涉重洋，几经周折，装满数载惬意离山。峨眉山优美的自然景观、良好的生态环境使它成为人们探奇览胜、求仙修道的理想处所。

骊 山

骊山是秦岭北侧的一个支脉，位于西安临潼区城南，东西绵延20余千米，最高峰九龙顶海拔1301.9米，远远望去，整座山形如一匹黑色的骏马。骊山也因景色翠秀，美如锦绣，故又名绣岭。每当夕阳西下，骊山辉映在金色的晚霞之中，景色格外绮丽，有"骊山晚照"之美誉。相传在洪荒时代，这里就是女娲"炼石补天"的地方；西周周幽王"烽火戏诸侯"的闹剧也发生于此。

从周、秦、汉、唐开始，这里就一直是游览胜地。上山有台阶路3200多米，先来到骊山半山腰"斑虎石"处，为纪念西安事变而建的兵谏亭首先映入眼帘。过后，可往西直上山峰至"晚照亭"。站在亭的北侧，整个华清池近在眼前，一目了然。再往前便到西绣岭第三峰上的老君殿，为骊山著名道教宫观。相传唐玄宗两次在此见到老君降临阁内，故此称之为降圣阁，也叫朝元阁。殿内原供奉白玉老君像，由于"安史之乱"时，像的正身被烧裂，双手也被盗，现玉像保存在陕西博物馆内。由老君殿转往东，就到西绣岭第二峰上的"老母殿"。此殿是为历史传说中的女娲而建的。再往东便到西绣岭第一峰上的烽火台。过了烽火台后往东即到东绣岭上的"石瓮寺"。因寺的西面岩石受流水冲击而形似瓮，故得名"石瓮寺"。据传，该寺建于唐开元年间，用造华清宫所剩的材料予以修建的。接着来到位于东西绣岭之间的石瓮谷中的"遇仙桥"。据说，此桥为唐代所建，是一座长 5 米，宽 2.4 米，高 5 米的单孔石拱桥。相传，古代有一考生，赴京赶考行至此桥，得仙人指教，幸运考中，此桥由此名"遇仙桥"。

玉龙雪山

玉龙雪山及其它所在的玉龙雪山风景区是丽江自然景观的核心区域。玉龙雪山为云岭山脉中最高的一列山地，是世界上北半球纬度最低的一座有现代冰川分布的极高山，由 13 座山峰组成，海拔均在 5000 米以上，主峰扇子陡海拔 5596 米，是云南第二高峰。玉龙雪山南北长 35 千米，东西宽约 20 千米，群山南北纵列，山顶终年积雪，山腰常有云雾，远远望去，宛如一条玉龙腾空而得名。

玉龙雪山为我国纬度最南的极高山地，如今仍分布有现代海洋性温冰川，地史上又经受丽江冰期和大理冰期的直接影响，古冰川遗迹甚多，在冰川学上有特殊意义。从山脚河谷到峰顶具有中亚热带、温带至寒带的垂直带自然景观带。这种完整的山地垂直带系列是一般地区所不具备的，在科学研究上具有重要价值。

玉龙雪山以险、秀、奇著称，主要有云杉坪、白水河、甘海子、冰塔林等景点，是一个集观光、登山、探险、科考、度假、郊游为一体的具有多功能的旅游胜地，栈道最高点为 4680 米。

玉龙山主峰扇子陡，位于龙山南麓，士人称为"拖斯般满动岩"，也称白雪山。由丽江平原中看它，像是一座竖立起来的银铧。攀登上白雪山来看它，它像一把白绫折扇展开在那里，所以有扇子陡和雪斗峰的名称。现在由锦乡谷的草坪中仰望上去，它像一片白玉壳，三面做放射状指向天空，在碧天白云中闪闪发光。整个雪山集亚热带、温带及寒带的各种自然景观于一身，构成独特的"阳春白雪"主体景观。雨雪新晴之后，雪格外的白，松格外的绿，掩映生态，移步换形，很像是白雪和绿松在捉迷藏。故有"绿雪奇峰"，雪不白而绿，蔚为奇观。

甘海子是玉龙雪山东面的一个开阔草甸，甘海子全长 4000 米左右，宽 1500 米，海拔约 2900 米。甘海子给人一种开阔空旷的感觉，在高耸入云的玉龙雪山东坡面前，有这样一个大草甸，为游人提供了一个观赏玉龙雪山的好场地，在这里横看玉龙雪山、扇子陡等山峰历历在目。从甘海子草甸到 4500 米的雪线，可以看到各种各样的花草树木，兰花、野生牡丹、雪莲，品种繁多；高大乔木有云南松、雪松、冷杉、刺栗、麻栗等等。甘海子大草甸是一个天然大牧场，每年春暖花开，百草萌发，住在甘海子附近山涧的藏、彝、纳西族牧民们都要带上毡篷，骑着高头大马，驱赶着牦牛、羊群、黄牛到草甸放牧。

名山胜景篇

秦皇岛北戴河

秦皇岛位于我国河北省东北部。因公元前215年我国的第一个皇帝秦始皇东巡至此，并派人入海求仙而得名，是我国唯一一个因皇帝尊号而得名的城市。

北戴河海滨地处秦皇岛市中心的西部。受海洋气候的影响，夏无酷暑，冬无严寒，常年保持一级大气质量，没有污染，没有噪音，城市森林覆盖率54%，人均绿地630平方米。这里气候宜人，2000米长、曲折平坦的沙质海滩，沙软潮平，背靠树木葱郁的联峰山，自然环境优美。

蓝天白云、碧海金沙、青松翠柏、绿树红墙勾画了秦皇岛北戴河风景区风光旖旎的自然画卷；浓厚的文化积淀、流传千古的故事、余韵无穷的篇章描绘了秦皇岛北戴河风景区博大精深的人文底蕴。北戴河风景区南临渤海，北靠联峰山，因拥有避暑胜地北戴河、历史名城山海关和天然不冻良港而驰名天下。

北戴河的海美。在18.8千米的海串线上，沙滩和礁石相互交错；海湾和岬（jiǎ）角依次排开；沙滩松软洁净，海水平静蔚蓝，堪称北方第一。北戴河的山也美。山体浑圆，山势柔和，奇石异洞、苍松翠柏、亭榭楼阁、烂漫山花把座座山峰勾勒成一幅幅气象万千的绚丽图画。佳景处处，主要景点有联峰山、鸽子窝、赤土山、观鸟台、鸳鸯楼、秦皇宫遗址、碧螺塔等。

秦皇岛北戴河风光秀丽，海水湛蓝，苍翠的青山与浩渺的大海相映，精致的别墅与葱郁的林海交融。这里旅游、娱乐设施完备，是我国著名旅游、避暑胜地。

青　州

　　青州为古"九州"之一，位于山东省青州市西南郊区，规划面积81.06平方千米，融山岳、石崖、溶洞、湖泊、森林于一体，素有"海岱明珠"的美称。景区包括云门山、驼山、玲珑山、南洋湖等，共有胜景86处。

　　青州的云门山、驼山、玲珑山"三山联翠，障城如画"。云门山主峰海拔421米，夏秋时节，云雾缭绕，穿洞而过，如滚滚波涛，将山顶庙宇托于其上，若隐若现，虚无缥缈，宛若仙境，蔚为壮观，谓之"云门"或称"云门仙境"，拔地而起，松荫覆足，虽不高而有千仞之势，自古便为胶东名山。山顶有洞如门，高大宽敞，南北贯通，远望犹如一轮皓月当空，人称"云门拱璧"，为青州古八景之一。每当夏秋时节，云雾升腾，穿洞而过，似波涛澎湃，山顶宛若九天仙境，故称"云门仙境"，云门山也因此得名。驼山绵延起伏，远望恰似一匹卧着的骆驼。骆驼山山峰陡峭，山峦凝翠，松柏古老遒劲，动植物种类繁多，而且有丰富的石窟造像和吴天宫等文物古迹。玲珑山海拔567米，浑圆的山顶上石峰林立，山石峥嵘，远远望去，好像一座雄踞山巅的古代城堡。玲珑山洞穴遍布，峰奇石异，恰似一块巨大的盆景搁置于天地之间。

　　青州有悠久的历史和灿烂的文化，自古以"东方古州"著称于世，自西汉至清朝，为齐鲁境内的政治、经济、文化中心。青州有北辛文化、大汶口文化等文化遗址，被称为"东夷文化"的发祥地。

名山胜景篇

23

青州有丰富的人文景观，留有历代建筑碑碣、题刻和石窟造像等千余处，摩崖石刻特大"寿"字闻名遐迩，有"南佛北寿"之称；2500 米山体巨佛在北周末年经人加工而成，堪称中华奇观；驼山石窟造像是石窟造像中的精品；玲珑山"白驹谷"题刻是魏碑真迹，力透山石，笔意超逸，备受后人推崇。

扎兰屯

扎兰屯市是隶属于内蒙古自治区呼伦贝尔市的一个县级市，位于内蒙古自治区东部、呼伦贝尔市南端的大兴安岭东麓。享有"塞外苏杭"美誉的扎兰屯风景名胜区位于内蒙古自治区呼伦贝尔市南端，是从东进入自治区的门户。它背依大兴安岭，面眺松嫩平原，总面积 16926 平方千米，是一处以山地、丘陵、平原和谷地四种地貌形态为主体，汇原始森林、广袤草原、田园风光和少数民族风情于一身的风景名胜区，被誉为"大兴安岭上的明珠"。

扎兰屯群山叠嶂，河流密布，山清水秀，四季分明，以"山险、石怪、水秀、树茂、兽奇、鸟异"著称，分为吊桥公园、秀水山庄、柴河、巴林喇嘛山、浩饶山、红光、民俗村等风景区。

吊桥公园位于市区北部，始建于 1905 年，占地 68 公顷。园内亭台壁阁建筑风格各异，别具风姿，既有东方特色又具欧式风格，融我国南北方园林之长和民族特色为一体。现如今，吊桥公园几经修葺，已经成为拥有水上娱乐、花卉欣赏等观光游乐项目的综合景区。

柴河景区在市区西南端，属大兴安岭原始森林带。这里的火山湖、瀑布、清泉等是我国东北极为罕见的自然景观。群山环抱，怪石嶙峋，蓝天、白云倒映水面，如诗如画。汹涌的柴河、绰尔河潆绕碧山，奔流不息。丰富的自然景观天然而成，清澄如玉、群山环绕的火山口遗迹"卧牛泡"，浪花飞溅、雾气升腾的"红花尔基"瀑布，宛若一轮满月的月亮湖以及九龙泉、一线天、熊瞎子洞等景点令游人流连忘返。

这里还有一望无际、古木参天的原始森林；有绿草如茵、野花烂漫的广阔草原；有波光荡漾、纵横交错的托欣河、浩饶河；有奇峰林立、姿态万千的巴林喇嘛山石林；有名贵稀少、营养丰富的哲罗鱼、细鳞鱼、重唇鱼等冷水鱼；还有甘洌的山泉，碧绿的湖泊，飞翔的百鸟，烂漫的山花，飘香的野果……

扎兰屯人文景观与自然景观相映成趣。金刚寺规模宏大，建筑古朴，香烟缭绕，其建筑规模居周边地区汉佛教建筑之首。扎兰屯居住着蒙、达斡尔、鄂伦春、鄂温克、朝鲜等少数民族，他们能歌擅舞，热情好客，具有浓郁的少数民族风情。

本溪水洞

本溪水洞风景名胜区位于辽宁省本溪市，由水洞、温泉寺、汤沟、关门山、铁刹、庙后山6个景区组成，是世界上已发现的最长的充水溶洞，水洞面积3.6万平方米，全长2500米，总面积42.2平方千米。

风景名胜区以本溪水洞为主体，融山、水洞、泉、湖、古人类文化遗址于一体。水洞是数百万年前形成的大型石灰岩充水溶洞，洞内深邃宽阔，一条蜿蜒5800米的地下长河贯穿全洞，有九曲银河之称。地下河水终年不竭，清澈见底。

洞口大若城瓮，像一座天然的凯旋门，朝北开放在峭壁下。进入洞口，有一座宽高各20多米、长50米的"迎客厅"，我们的祖先曾经在那里繁衍生息，历经夏商到金辽各代，都留有祖先的足迹。大厅正面是一片1000多平方米的宽阔水面，长廊护岸。

乘舟沿洞内水域前行，时而宽广时而狭窄，曲折迂回，钟乳石、石笋与石柱从裂隙攒拥而出，形成各种物象：飞泉迎客、宝瓶门、宝莲灯、宝鼎、龙角岩、独角犀、倚天长剑、孔雀岩等奇景各个神态逼真，惟妙惟肖；玉米塔、玉象、雪山三景，更是名副其实，栩栩如生。如此旖旎多姿、如梦如幻的景象令人赞叹不已，有诗云："钟乳奇峰景万千，轩舟碧水诗画间。钟秀只应仙界有，人间独此一洞天。"

水洞分水、旱两洞。旱洞长300多米，洞府高低错落，洞中有洞，曲折迷离，起伏多变。洞内的钟乳成群发育，呈现各种形象，自然成趣，宛若龙宫仙境。其中有古井、龙潭、百步池等景观。

采石矶

采石矶古称牛渚矶，在马鞍山市区南6千米的翠螺山麓。采石矶的得名据说是因为三国东吴时，这里曾产五彩石，又形状像蜗牛。它以其山势险峻雄伟、风光壮丽、古迹众多与南京燕子矶、岳阳城陵矶合称"长江三矶"。采石矶临江兀立，壁陡崖峭，遥向挟江对峙的天门山，万里长江浩荡而来，气势磅礴。因其古迹众多而列三矶之首，素有"千古一秀"之誉。

采石矶所在的翠螺山，三面被牛渚河环绕，西北临江，犹如水面上的一只大青螺，山故得名。山上草木凝翠，山石争奇，环境清幽，楼阁壁立，古往今来许多文人纷至沓来。李白、白居易、王安石、苏东坡、陆游、文天祥等曾到此畅游，留有大量的诗词歌赋。名胜古迹有太白楼、赏咏亭、捉月亭、观澜亭、三元洞及李白冠冢等。

太白楼又名谪仙楼、青莲祠。始建于唐，清雍正年间重建。太白楼为一座高 18 米、长 34 米、宽 17 米、黄琉璃瓦覆顶、飞檐翘角的 3 层古建筑，宏伟壮观，它与武昌黄鹤楼、岳阳岳阳楼、南昌滕王阁，合称江南"三楼一阁"。楼阁内陈列着太白手书拓本和各种版本的诗集及历史上名人的诗篇、楹联、匾额等，其中尤以李白手书真迹最为珍贵。登楼眺望，体会"天门中断楚江开，碧水东流到此回。两岸青山相对出，孤帆一片日边来"的意境，令人心旷神怡。

双龙溶洞群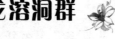

双龙溶洞群位于陕西省安康市西南双龙镇境内，由狮王溶洞、观音溶洞和罗汉溶洞等组成。

狮王溶洞距安康市区约 40 千米，位于双龙镇双龙村九组的半山腰中，总面积 700 余平方米，可容百余人观光而不显拥挤。狮王洞是安康境内发现的一处石灰岩溶洞奇观，因洞内有一只足蹬绣球的石狮而得名"狮王洞"。

擎灯火俯瞰溶洞，洞内怪石嶙峋，千姿百态，奇异无比，一排

排数不清的白色钟乳石似冰柱闪闪发光，无数圆锥形的石笋也挺立向上，成为各种形状的石术。特别是那只形体彪悍、足蹬绣球、虎视眈眈的雄伟石狮，惟妙惟肖、栩栩如生，让人惊叹大自然的鬼斧神工。还有一根盘龙石柱，高约20余米，四人环抱，方可围腰，而且与另外3根石柱遥遥相对，蔚为壮观。10余柄宝剑合拢在一起，凌空倒刺，利刃闪烁；10根细小溶柱对峙成形，挺拔峻峭，以及一枝独秀、罗汉观天、莲花宝座、垂钓宝舟、弥勒佛尊等各种造型精美，逼真的石物，也成为一个又一个独特奇观，令人目不暇接，心旷神怡。

狮王洞有两个洞口，奇洞分呈，曲径通幽，神秘得使人想探个究竟。狮王洞和省级旅游景点瀛湖连为一线，是安康市别具特色的旅游景点。

神农架

神农架位于湖北省西部，四邻分别于湖北襄樊市、十堰市、宜昌市、恩施市、重庆市的万县地区接壤。远古时期，神农架林区还是一片汪洋大海，经燕山和喜马拉雅运动逐渐提升成为多级陆地，并形成了神农架群和马槽园群等具有鲜明地方特色的地层。神农架位于我国地势第二阶梯的东部边缘，由大巴山脉东延的余脉组成中高山地貌，区内山体高大，由西南向东北逐渐降低。神农架平均海拔1700米，山峰多在1500米以上，其中海拔3000米以上的山峰有6座，海拔2500米以上山峰20多座，最高峰神农顶海拔3105.4米，成为华中第一峰，神农架因此有"华中屋脊"之称。西南部的石柱河海拔仅398米，为境内最低点，相对高差达2706.4米。

　　神农架地处中纬度北亚热带季风区，受大气环流控制，气温偏凉且多雨，并随海拔的升高形成低山、中山、亚高山3个气候带。年降水量也由低到高依次分别为761.4~2500毫米不等，故立体气候十分明显，"山脚盛夏山顶春，山麓艳秋山顶冰，赤橙黄绿看不够，春夏秋冬最难分"是林区气候的真实写照。独特的地理环境和立体小气候，使神农架成为我国南北植物种类的过渡区域和众多动物繁衍生息的交叉地带。这里拥有当今世界北半球中纬度内陆地区唯一保存完好的亚热带森林生态系统。境内森林覆盖率88%，保护区内达96%。这里保留了珙桐、鹅掌楸、连香等大量珍贵古老孑遗植物。神农架成为世界同纬度地区的一块绿色宝地。

　　神农架人文历史久远，早在20多万年前，就有古人类在此活动。神农架据传是华夏始祖、神农炎帝在此搭架采药、疗民疾矢的地方。秦汉以来，神农架地区分属历朝历代邻近州郡县管辖（仅三国至隋初设绥阳县），清代隶属湖北省郧阳府房县及宜昌府兴山县。由于这里谷深林密，交通不便，历来为兵家屯守之地。唐中宗被贬为庐陵王后，命神农架山脉为"皇界"。清顺治、康熙及嘉庆年间，义军刘体纯部及白莲教军先后在此屯守11年之久。革命战争时期，贺龙红三军在此建立苏维埃政府。

　　神农架不仅是东西南北野生动植物种类的交汇地，而且是华夏民族四大文化种类的交汇地。以神农架为原点，西有秦汉文化，东有楚文化，北有商文化，南有巴蜀文化。神农架是一处文化洼地，各种文化溪流在这里交融。神农架的自然条件和人文背景共同构成了神农架绚丽多彩的画卷，隽秀如屏的群峰，茫茫苍苍的林海，完好的原始生态系统，丰富的生物多样性，宜人的气候，独特的内陆高山文化使神农架成为当今世界人与自然和谐共存的净土和乐园。

名山胜景篇

香格里拉

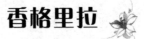

自从英国人詹姆斯·希尔顿的小说《失去的地平线》问世以来，作品中所描绘的香格里拉曾引起无数人的向往。据考证，香格里拉实质上就是指云南的迪庆藏族自治州。迪庆地处滇、藏、川三省（区）交界处，金沙江、澜沧江中上游，北接西藏昌都地区，东邻四川甘孜藏族自治州，南与丽江地区毗邻，西与怒江州相连，州内最高海拔 6740 米，最低海拔 1480 米，州府所在地中甸建塘镇海拔 3228 米，州府距昆明 660 千米，距拉萨 1640 千米。迪庆的自然地理特点可以概括为"三山峡两江一坝"。"三山"即怒山山脉、云岭山脉、贡嘎山脉，纵贯南北，平行并列；梅里雪山、白茫雪山、哈巴雪山三山鼎立于群峰之上；"两江"即金沙江、澜沧江；"一坝"即大小中甸坝子。历史上迪庆是"茶马古道"的必经之路，是西南"丝绸之路"的一个重要物资中转站。

香格里拉素有"高山大花园"、"动植物王国"、"有色金属王国"的美称。这里垂直气候明显，平均气温低，日照长，昼夜温差大，年平均气温 5.4℃，最低气温 - 27.4℃。从颇具江南特色的金沙江畔到白雪皑皑的雪山峡谷，能使人在一天之内"走"完世界各类气候风景带，另外它具有藏族风情。

香格里拉的主要景区（点）有虎跳峡、碧塔海、松赞林寺、白水台、纳帕海、依拉草原、梅里雪山、白茫雪山、小中甸花海、藏民家访、香格里拉大峡谷、萨马阁自然保护区、达摩祖师洞、普达措国家森林等。

虎跳峡

金沙江从石鼓突然急转北流约40千米后，在中甸县桥头镇闯进玉龙雪山和哈巴雪山之间，穿山削岩，劈出了一个世界上最深、最窄、最险的大峡谷——虎跳峡。虎跳峡的上峡口海拔1800米，下峡口海拔1630米，两岸山岭和江面相差2500～3000米，谷坡陡峭，蔚为壮观。江流在峡内连续下跌7个陡坎，落差170米，水势汹涌，声闻数里，旧时曾因山崩截断江流，至今尚有崩积物遗留。

虎跳峡分为上虎跳、中虎跳和下虎跳3段，共18处险滩。江面最窄处仅30余米，江水被玉龙、哈巴两大雪山所挟持，海拔高差3900多米，峡谷之深，位居世界前列。虎跳峡是世界上著名的大峡谷，以奇险雄壮著称于世。虎跳的景分为峡景和山景，上、中、下虎跳之景都是峡景，主要在峡谷左侧山腰的碎石公路一线观赏；山景是指徒步巴哈雪山看到的景观。

梅里雪山

梅里雪山又称雪山太子，位于云南省东北约10千米的横断山脉中段怒江与澜沧江之间，平均海拔在6000米以上的有13座山峰，称为"太子十三峰"，主峰卡瓦格博峰海拔高达6740米，是云南的第一高峰。

由于太子雪山的地势北高南低，河谷向南敞开，气流可以溯谷而上，受季风的影响大，干湿季节分明，且山体高峻，又形成迥然不同的垂直气候带。4000米雪线以上的白雪群峰峭拔，云蒸霞蔚；山谷中冰川延伸数千米，蔚为壮观。较大的冰川有纽恰、斯恰、明永恰。而雪线以下，冰川两侧的山坡上覆盖着茂密的高山灌木和针叶林，郁郁葱葱，与白雪相映出鲜明的色彩。林间分布有肥沃的天然草场，竹鸡、獐子、小熊猫、马鹿和熊等动物活跃其间。

名山胜景篇

高山草甸上还盛产虫草、贝母等珍贵药材。梅里雪山，不仅地形复杂，气候变化更为复杂，每年夏季，山脚河谷气温可达 11℃ ~ 29℃，高山则为 −10℃ ~ 20℃。年降水量平均为 600 毫米，大都集中在 6 ~ 8 月，此期间气候极不稳定，是登山的气候禁区。

梅里雪山是藏传佛教的八大神山之首，在藏民心目中有不可代替的地位。战神至今还是一座处女峰，没有人能登顶征服它。1989年中日联合登山队试图冲击顶峰，在即将成功登顶时遭遇暴风雪，登山队全军覆没。

🦋 碧塔海

碧塔海自然保护区位于云南省西北部的中甸县东部，距县城 25 千米。保护区以碧塔海为中心，总面积 840 平方千米。碧塔海长约 3 千米，宽约 1 千米。藏语称碧塔海为"碧塔德错"，"碧塔"意为牛毛毯，"德"为魔，"错"为海。碧塔海素被称为高原明珠，湖面海拔 3538 米，是云南省海拔最高的湖泊，历史上曾经是被水淹没的凹陷地带，第四纪随西藏高原强烈抬升形成目前高原面貌。

碧塔海为香格里拉雪域高原上最美的湖泊，四周群山环抱，林木苍翠，雪峰连绵。碧塔海为断层构造湖，湖面呈海螺形状，湖面海拔 3539 米，东西长约 3000 米，南北平均宽 700 米，最宽处约 1500 米，最窄处约 300 余米。它由雪山溪流汇聚而成，湖水碧蓝，雪山树影倒映湖中，清丽醉人，湖中有岛，生长着云杉、高山松、高山栎、白桦、柳等。许多珍稀动物也在里面繁衍生息。其中，"中甸重唇鱼"是地球上唯一存活的鱼类化石。每当春季，杜鹃花开时节，游鱼争食杜鹃落英而纷纷醉浮湖面，黑熊则乘夜捞食醉鱼，形成独有的"杜鹃醉鱼"、"老熊捞鱼"。

石花洞

　　石花洞位于北京市房山区南车营村，距北京市城区 50 千米。石花洞岩溶洞穴资源以其独特性、典型性、多样性、自然性、完整性和稀有性享誉国内外。花洞内的岩溶沉积物数量为我国之最，其美学价值和科研价值也可居世界洞穴前列被誉为"地下地质奇观"、"溶洞博物馆"。

　　因洞体深奥神秘称潜真洞；又因洞内生有绚丽多姿奇妙异常的各种各样石花又叫石花洞。石花洞为我国华北地区岩溶洞穴的典型代表，为多层多支的层楼式洞体结构，分为上下七层，一至五层洞道长约 2500 米，六七层为地下暗河。根据洞体结构和景物分布，分为"人文趣味"、"探奇观赏"、"科学考察"3 个观赏洞层、18 个景区、120 处景点。石洞内的自然景观玲珑剔透、华丽多姿、类型繁多，有滴水、流水和停滞水沉积形成的高大洁白的石笋、石柱、石钟乳、石幔、边槽、石梯田等，还有渗透水、飞溅水、毛细水沉积形成的众多石花、石枝、卷曲石、晶花、石珍珠、石葡萄等。众多的五彩石旗和美丽的石盾为我国洞穴沉积物的典型。大量的月奶石莲花在我国洞穴中是首次发现。

　　石花洞目前开放的一、二、三层洞道长 1900 米，洞底面积为 18000 平方米，有 12 个高大的厅堂和 16 个洞室及 71 个形态各异的大小支洞。

名山胜景篇

鸭绿江

　　鸭绿江是位于我国辽宁省和朝鲜半岛之间的一条界江。古称浿（pèi）水，汉朝称为马訾（zī）水，唐朝始称鸭绿江。关于鸭绿江其名的来历流行着两种说法：一说因江水颜色似鸭头之色而得名；二说因上游地区有鸭江和绿江两条支流汇入，故合而为一，并称为"鸭绿江"。它发源于吉林省中朝边境长白山主峰白头山，全长795千米。

　　鸭绿江风景名胜区位于鸭绿江下游浑江口至江海分界处的大东港之间。鸭绿江景区段210千米，面积约为400平方千米，由水丰湖、太平湾、虎山、大桥、东港5个景区，100多个景点组成。景区内江水碧绿如玉，蜿蜒曲折；江中翠岛棋布，精巧秀美；两岸山峦叠嶂，青山滴翠；鹤鸟翔集，山水一色，美不胜收。

　　景区内胜景处处：浩瀚秀美的水丰湖、雄峙江畔的虎山长城、雄伟壮观的鸭绿江大桥、我国1.8万千米海岸线最北端的江海分界碑和古人类洞穴遗址、原始村落遗址和现代园林建筑等构成了丰富的自然景观和人文景观。

云峰湖

　　云峰湖位于鸭绿江上游40千米处，是由在云峰发电厂的大坝拦截下形成的大型人工水库。湖的两岸高山耸立，怪石嶙峋，古木参天，树种繁多；峡谷深邃，云雾缭绕，使人如入仙境，如置画中。逆流而上，山势雄伟险峻，峰峦秀丽多姿，云雾变幻莫测，飞流让人叹为观止；泛舟湖上，极目远眺，水色天光，烟波浩渺，使人如梦如幻。也可以弃舟登岸，或采摘野菜山花寻古探幽，或登山俯瞰水中鱼游动，观空中山鹰翱翔。大坝泄洪时犹如玉湖飞瀑，场面更是壮观。

楠溪江

楠溪江位于浙江省温州市北部的永嘉县境内，东临雁荡，南距温州，西连仙都，北接仙居，景区面积达 625 平方千米，被誉为"我国山水画摇篮"。楠溪江既有溪流之优美，又有江河之气势，融险、奇、幽、秀于一体，以江美、瀑多、潭碧、峰奇、岩秀、洞幽、树珍、村古、滩多、林雅著称，我国山水诗鼻祖谢灵运用"叠叠云岚烟树榭，湾湾流水夕阳中"的诗句赞美楠溪江。

楠溪江水含沙量低，水质呈中性，被专家们誉为"天下第一水"。楠溪江分为 7 大景区，目前已开发大若岩、楠溪江中心、石桅岩 3 大景区。从永嘉县乘船逆流而上，见江中流水潺潺，碧波清清，渔舟点点；岸上云岚叠叠，烟树层层，古村隐隐，山水风光与田园情趣相融，令人陶醉。沿江有 72 湾、36 滩，有"天下第十二洞天福地"的陶公洞、奇峰峻峭的十二峰、一水九瀑的石门台、虎踞龙盘的六螺山、雾岚蒙蒙的百丈瀑、"七星八斗"的芙蓉屿和"文房四宝"的苍坡两古村、高耸入云石桅岩和幽、秀、奇、险的小三峡以及绿草如茵天然草坪、玲珑雅致水仙洞等，处处皆佳景，景景均生趣。

楠溪江两岸绿树成荫，遍植多种珍贵树木，其中有银杏、闽楠、长叶榉、胡逗莲等国家重点保护的珍稀树种。楠溪江不仅景色优美，

名山胜景篇

而且至今还遗存着新石器时代的文化遗址，唐宋元明清时的古塔、桥梁、路亭、牌楼和古战场，保存着以"七星八斗"和"文房四宝"以及阴阳风水构思而建筑的古村落；留存着大批完整的百家姓宗谱、族谱等。

长江三峡

以险峻的地形、绮丽的风光、磅礴的气势和众多的名胜古迹著称的长江三峡是我国著名的游览胜地。长江三峡西起重庆市白帝城，东至湖北省南津关，由瞿塘峡、巫峡、西陵峡组成，自白帝城至黛溪称瞿塘峡，巫山至巴东官渡口称巫峡，秭归的香溪至南津关称西陵峡。全长 192 千米。

长江三峡两岸奇峰耸立，山川壮丽，景象万千。三峡素以"瞿塘雄、巫峡秀、西陵险"驰名世界。瞿塘峡雄奇壮观，峡口夔门悬崖万丈，峭壁千仞，有"夔门天下雄"之誉。巫峡山势峻拔，奇秀多姿，横跨渝、鄂两省市，两岸的十二峰千姿百态，北岸金盔银甲峡顶上的神女峰似亭亭玉立的少女，妩媚动人。三峡水道曲折多险滩，舟行峡中，有"石出疑无路，云升别有天"的境界。西陵峡滩多水急，是三峡中最险最长的一段。

长江三峡，地灵人杰。这里是我国古文化的发源地之一，著名的大溪文化，在历史的长河中闪耀着奇光异彩。三峡名胜古迹也很多，著名的有丰都名山、忠县石宝寨、云阳张飞庙、奉节白帝城、秭归屈原故里、兴山王昭君故宅、古代巴人悬棺以及大量赞颂三峡风光的题刻等。石宝寨在忠县东长江北岸四周如削的玉印山上，是依山而建的 12 层石结构的楼阁，被誉为"世界八大奇异建筑之一"。张飞庙依山临江，林木葱茏，环境清幽，已有 1700 多年历史，素有"巴蜀第一胜境"之称。奉节的白帝城是一座历史悠久的古城，建于西汉末年，是三国时期"刘备托孤"的地方。登上白帝城内的白帝庙，临栏远眺，见大江滚滚，高峡巍巍，思历史悠悠，令人无限感慨。长江支流大宁河的小三峡，即著名的"巫山小三峡"，山清水秀，峰峦奇峻，树木成荫，水色黛碧，群猴出没，百鸟飞舞，景色令人陶醉。

赤水风景名胜区

赤水风景名胜区地跨贵州省赤水市和习水县，是国务院唯一以行政区名称命名的国家级风景名胜区。赤水河如一条碧绿的丝带，连接起总面积为 300 平方千米的旅游区。景区内有森林 26800 公顷，楠竹约 1800 公顷，有大小河溪 350 余条，湖塘水库 790 多处。

风景区旅游资源非常独特和丰富，由自然生态资源和历史文化资源组合而成。景观以瀑布、竹海、桫椤、丹霞地貌、原始森林等自然景观为主要特色，兼有古代人文景观和红军长征遗迹，被誉为"千瀑之市"、"丹霞之冠"、"竹子之乡"、"桫椤王国"、"长征遗址"。

赤水风景区拥有丰富的水资源和跌宕起伏的地形，形成了上千个大大小小的瀑布。其中，十丈洞瀑布是高 76 米、宽 80 米的巨型瀑布，狂涛倾泻一般的瀑布落在那葱葱郁郁的林海中，宛若一方汉白玉嵌在一堆堆翡翠之中。雾气弥漫，在烈日下闪耀着七彩霞光。

名山胜景篇

37

叫洞沟又是瀑布大家族中的一个佼佼者，幅宽40多米，落差高者可达60余米，连续四级瀑布将一段大约4千米的山溪间隔成大约相等的距离，每一个瀑布后都有一个洞穴，形成四处"水帘洞"景观。星罗棋布的瀑布与河谷两岸的桫椤林交相辉映，构成一幅如诗如画的千瀑长卷。

赤水风景区拥有一望无际的林海、竹海、花海，而林海尤以拥有桫椤树而著称于世。传说中的月宫神树——桫椤树，被科学界誉为"活化石"，它生于远古，距今4亿年左右，濒临灭绝。赤水风景区却得天独厚地让大片大片的桫椤树顽强地生存下来，蔚为奇观，也因此而有了"赤水河畔的桫椤王国"的美称。桫椤形如巨伞，硕大无朋，观赏、科研价值较高。

雅砻河风景名胜区

雅砻河是藏民族的发祥地和摇篮，这里有雪山冰川、田园牧场、河滩谷地、古老文化遗址和民风民俗等构成的一幅幅神秘、古朴而壮丽的图画，这里有蜿蜒流淌、奔腾不息的雅砻河……这就是位于西藏自治区南部的雅砻河风景名胜区。

区内植物种类繁多，植被随海拔变化呈垂直变化。人文景观丰富，与自然美景相映成趣。西藏最古老的宫殿雍布拉康、第一座寺庙桑鸢寺、全国重点文物保护单位昌珠寺和藏王墓群等建筑历经岁月沧桑依然屹立在这片神奇广阔的土地上，诉说着这片沃土的历史变迁和藏族人民的才智与勤劳。

桑鸢寺又名桑耶寺，始建于唐代，为西藏第一座剃度僧人出家的寺院，有"西藏千寺之祖"的美誉，后成为西藏佛教宁玛派（红教）的中心寺院。该寺以印度的欧丹达菩提寺为样本，依照佛经中的世界形成图说进行布局建造，是西藏古建筑中最富特色的寺庙建筑群。圆围墙长约1千米，中心屹立着乌策大殿，分别象征佛经中的铁围山和须弥山。乌策大殿分3层，各层建筑风格截然不同。大殿四角为红、白、绿、黑4塔，象征管理须弥山四方人类社会的四大天王。大殿周围的12佛殿象征须弥山四方咸海中的四大部洲、八小部洲。大殿周围千塔林立，每隔1米就有一座红塔，故桑鸢寺又有"千塔寺"之称。神秘的冰川雪域、壮丽的高原风光、奇异的民族风情、执著的宗教信仰、壮观的寺庙殿宇、脍炙人口的古老传说……独特的自然景观与人文景观构成了雅砻河风景区丰富的旅游资源，让人心动、使人神往。

桂林山水

桂林位于广西东北部，是世界著名的旅游胜地和历史文化名城，地处漓江西岸，以盛产桂花、桂树成林而得名。典型的喀斯特地形构成了别具一格的桂林山水，桂林山水是对桂林旅游资源的总称。桂林山水所指的范围很广，项目繁多。桂林山水一向以山青、水秀、洞奇、石美而享有"山水甲天下"的美誉，桂林山水包括山、水、喀斯特岩洞、古迹、石刻等等。

桂林是一座文化古城。2000多年的历史，使它具有丰厚的文化底蕴。秦始皇统一天下后，设置桂林郡，开凿灵渠，沟通湘江和漓江。桂林从此便成为南通海域，北达中原的重镇。宋代以后，它一

直是广西政治、经济、文化的中心，号称"西南会府"，直到新中国建立。在漫长的岁月里，桂林的奇山秀水吸引着无数的文人墨客，使他们写下了许多脍炙人口的诗篇和文章，刻下了两千余件石刻和壁书，历史还在这里留下了许多古迹遗址。陈毅诗云："宁做桂林人，不愿做神仙。"桂林的山水养育了桂林人民，桂林山水之灵气更是培育了一大批桂林山水画家。

百年来，桂林一直是人们旅游观光的宝地。现在，一个以桂林市为中心，包含周围 12 个县的风景区已经形成。这里有浩瀚苍翠的原始森林，雄奇险峻的峰峦幽谷，激流奔腾的溪泉瀑布，天下奇绝的高山梯田……在这一片神奇的土地上，生活着壮、瑶、苗、侗、仫佬、毛南等十多个少数民族。大桂林的自然风光、民族风情、历史文化、深深地吸引着中外游客以及国家元首纷至沓来，流连忘返。

漓 江

漓江是我国锦绣河山的一颗明珠，是桂林风光的精华，是桂林风光的灵魂，是桂林风光的精髓。漓江位于华南广西壮族自治区东部，属珠江水系。漓江发源于"华南第一峰"桂北越城岭猫儿山，那是个林丰木秀，空气清新，生态环境极佳的地方。漓江上游主流称六峒河；南流至兴安县司门前附近，东纳黄柏江，西受川江，合流称溶江；由溶江镇汇灵渠水，流经灵川、桂林、阳朔，至平乐，汇入西江，全长 437 千米。从桂林到阳朔约 83 千米的水程，称漓江。漓江像蜿蜒的玉带，缠绕在苍翠的奇峰中，造化为世界上规模最大、景色最为优美的岩溶景区。乘舟泛游漓江，可观奇峰倒影、碧水青山、牧童悠歌、渔翁闲吊、古朴的田园人家。

象鼻山

象鼻山位于桂林市东南漓江右岸，山因酷似一只大象站在江边伸鼻吸水，因此得名，是桂林的象征。由山西拾级而上，可达象背。山上有象眼岩，左右对穿酷似大象的一对眼睛，由右眼下行数十级到南极洞，洞壁刻"南极洞天"4个字。再上行数十步到水月洞，高1米，深2米，形似半月，洞映入水，恰如满月，到了夜间明月初升，象山水月，景色秀丽无比。宋代有位叫蓟北处士的游客，以《水月》为题，写下这样的绝句："水底有明月，水上明月浮。水流月不去，月去水还流"。象鼻山有历代石刻文物50余件，多刻在水月洞内外崖壁上，其中著名的有南宋张孝祥的《朝阳亭记》、范成大的《复水月洞铭》和陆游的《诗礼》。盘石级而上，直通山顶，即见一座古老的砖塔矗立山头。远看，它好像插在象背上的一把剑柄，又像一个古雅的宝瓶，所以有"剑柄塔"、"宝瓶塔"之称。此塔建于明代，高13米，须弥座为双层八角形，雕有普贤菩萨像，因名"普贤塔"。

八达岭长城

位于北京延庆的八达岭长城是明长城中保存最完好，最具代表性的一段。这里是重要关口居庸关的前哨，海拔高度1015米，地势险要，历来是兵家必争之地，是明代重要的军事关隘和首都北京的重要屏障。

八达岭长城是我国古代伟大的防御工程万里长城的一部分，是明长城的一个隘口。八达岭长城是明长城向游人开放最早的地段，八达岭景区以其宏伟的景观、完善的设施和深厚的文化历史内涵而著称于世。登上这里的长城，可以居高临下，尽览崇山峻岭的壮丽景色。

名山胜景篇

八达岭长城古称"居庸之险不在关而在八达岭"。明长城的八达岭段是长城建筑最精华段，集巍峨险峻、秀丽苍翠于一体，"玉关天堑"为明代居庸关八景之一。1653年修复关城和部分城墙后，辟为游览区。经多次整修，可供游览地段达3741米，其中南段1176米、北段2565米，共有敌台16座。

八达岭自古便是重要的军事战略要地，春秋战国时期为防御北方民族的侵扰，在此修筑了长城，其走向与明长城大体一致。八达岭是峰峦叠嶂的军都山风吹草动的一个山口，明代《长安夜话》说："路从此分，四通八达，故名八达岭，是关山最高者。"可见八达岭的地理战略地位。八达岭长城是我国古代伟大的防御工程万里长城的一部分，建于明代弘治十八年（1505年），对八达岭长城进行了长达80余年的修建，并将抗倭名将戚继光调来北方，指挥长城防务。经过80余年的修建，八达岭长城成为城关相连、墩堡相望、重城护卫、烽火报警的严密防御体系。

历史上八达岭长城是护卫居庸关的门户，从八达岭长城至今天的南口，中间是一条40里长的峡谷，峡谷中建有关城"居庸关"，这条峡谷因此得名"关沟"，而真正扼住关口的是八达岭长城，八达岭高踞关沟北端最高处，这里两峰夹峙，一道中开，居高临下，形势极为险要。古人有"自八达岭下视居庸关，如建瓴，如窥井"、"居庸之险，不在关城，而在八达岭"之说。可见当时居庸关只是一个关城，真正的长城是修建在八达岭的。八达岭山口的特殊地形，成为历代兵家必争之地，因此，在这里修筑长城具有极重要的战略意义。

八达岭是历史上许多重大事件的见证。第一帝王秦始皇东临碣石后，从八达岭取道大同，再驾返咸阳。萧太后巡幸、元太祖入关、元代皇帝每年两次往返北京和上都之间、明代帝王北伐、李自成攻陷北京、清代天子亲征……八达岭都是必经之地。近代史上，慈禧西逃泪洒八达岭、詹天佑在八达岭主持修筑我国自力修建的第一条铁路——京张铁路、孙中山先生登临八达岭长城等，留下了许多历史典故和珍贵的历史回忆。

蓬莱阁

蓬莱阁在山东省蓬莱市区西北的丹崖山上，面积32800平方米。蓬莱阁同洞庭湖畔岳阳楼、南昌滕王阁、武昌黄鹤楼齐名，被誉为我国古代四大名楼。

蓬莱阁包括三清殿、吕祖殿、苏公祠、天后宫、龙王宫、蓬莱阁、弥陀寺等几组不同的祠庙殿堂、阁楼、亭坊组成的建筑群，这一切统称为蓬莱阁。自宋嘉裕年间起，历代都进行了扩建重修。秦始皇访仙救药的历史故事和八仙过海的神话传说，给蓬莱阁抹上了一层神秘的色彩，因而古来即有"仙境"之称。

蓬莱阁的主体建筑建于宋朝嘉祐六年（1061年）坐落于丹崖极顶，明万历十七年（1589年）巡抚李戴于其旁增建了一批建筑，清嘉庆二十四年（1819年）知府杨丰昌和总兵刘清和主持进行扩建，使其大具规模，后又得以多次修缮。阁楼高15米，坐北面南，系双层木结构建筑，阁上四周环以明廊，可供游人登临远眺，是观赏"海市蜃楼"奇异景观的最佳处所。阁中高悬一块金字横匾，上有清代书法家铁保手书的"蓬莱阁"3个苍劲大字，东西两壁挂有名人学者的题诗。阁下面临大海，建筑凌空，海雾四季飘绕，素有"仙境"之称。史载秦始皇、汉武帝都曾为寻求仙药先后来此，传说秦

方士徐福受始皇之遣由此乘船入东海去求仙丹。著名的"八仙过海"神话故事传也在此，自古为文人墨客雅集之地，历来是道教炼士修真之境，阁之附近现存留历代文人雅士观海述景题刻 200 余处；登临阁廊，举目远望，长山列岛时隐时现，东北海疆碧波连天，春夏之际，海市蜃楼时时光临登州海上，使人耳目一新，心旷神怡。

阁南的三清殿、吕祖殿、天后宫、龙王宫等道教宫观建筑，均依丹崖山势而筑，层层而上，高低错落，与阁浑然一体，总建筑面积达 18900 余平方米；阁东有苏公祠，东南建观澜亭，为观赏东海日出之所，西侧海市亭，因为观望海市蜃楼之境而名，又因其三面无窗，亭北临海处筑有短垣遮护，亭外海风狂啸，亭内却燃烛不灭，故又名避风亭，亭内墙壁上嵌有袁可立《观海市》石刻九方。整个建筑陡峭险峻，气势雄伟，朱碧辉映，风光壮丽，是山东著名的旅游胜地。

天涯海角

天涯海角游览区位于三亚市区约 23 千米的天涯镇下马岭山脚下，前海后山，风景独特。

在古代，我国人民认为世界是天圆地方的，"天涯海角"在中文里的意思是世界的尽头，代表遥远的地方，所以这里被帝王当做流放地，很多犯错的官员都曾流放到这里，这片曾被认为是荒凉、遥远的土地但现在却是美丽、浪漫的代言词。

步入游览区，沙滩上那一对拔地而起的高 10 多米，长 60 多米的青灰色巨石赫然入目。两石分别刻有"天涯"和"海角"字样，意为天之边缘，海之尽头。这里融碧水、蓝天于一色，烟波浩瀚，帆影点点。椰林婆娑，奇石林立，如诗如画。那刻有"天涯"、"海角"、"南天一柱"、"海判南天"的巨石雄峙南海之滨，为海南一绝。

"天涯"和"海角"这两块大石头是有来历的，传说一对热恋的男女分别来自两个有世仇的家族，他们的爱情遭到各自族人的反对，于是被迫逃到此地双双跳进大海，化成两块巨石，永远相对。后人为纪念他们的坚贞爱情，刻下"天涯"、"海角"的字样，后来男女恋爱常以"天涯海角永远相随"来表明自己的心迹。

"南天一柱"据说是清代宣统年间崖州知州范云梯所书。"南天一柱"来历还有传说。相传很久以前，陵水黎族有两位仙女知道后偷偷下凡，立身于南海中，为当地渔家指航打鱼。王母娘娘恼怒，派雷公电母抓她们回去，二人不肯，化为双峰石，被劈为两截，一截掉在黎安附近的海中，一截飞到天涯之旁，成为今天的"南天一柱"。

在天涯海角的海岸不远处，有一个小岛，岛上两块分别向两边插着的石头，名为日月石，这两块石头一个像月亮，一个像太阳，所以名为日月石，也是天涯海角的著名景观之一。天涯海角除了有闻名遐迩、让人抚今怀古的摩崖石刻群外，现在还包括历史名人雕塑园、笆篱凝霞景区、滨海摩崖石刻和"天涯路"等几大区域，以原始、自然、古朴为主要特色。历史名人雕塑园建有十几尊塑像，缅怀追思对海南经济开发和文化发展作出突出贡献的历史人物。笆篱凝霞景区，婀娜摇曳的椰树在艳阳、晴空和大海的衬托下，展示着海岛特有的热带风情。海天自然景区，海浪长年累月的冲刷塑造出千姿百态的磊磊奇石，巍然屹立于海天之间，笑傲惊涛骇浪，见证着沧海桑田的变迁；拾级而上登台望远，但见沧海泛波高天流云，

名山胜景篇

一派海阔天空的景象。穿行于林荫"天涯路",观石、赏花、听溪,各种奇石异木和高山流水、百川归海等园林景观营造的生态氛围和文化意境又令人流连忘返。

九寨沟

九寨沟位于四川省阿坝藏族羌族自治州九寨沟县境内,是白水沟上游白河的支沟,以有9个藏族村寨(所以又称何药九寨)而得名。九寨沟海拔在2千米以上,遍布原始森林,沟内分布108个湖泊,有"童话世界"之誉。九寨沟为全国重点风景名胜区,并被列入世界遗产名录。

九寨沟蓝天、白云、雪山、森林,尽融于瀑、河、滩、缀成一串串宛若从天而降的珍珠;篝火、烤羊、锅庄和古老而美丽的传说,展现出藏羌人热情强悍的民族风情。九寨沟的山水形成于第四纪古冰川时期,现保存着大量第四纪古冰川遗迹。九寨沟的地下水富含大量的碳酸钙质,湖底、湖堤、湖畔水边均可见乳白色碳酸钙形成的结晶体;而来自雪山、森林的活水泉又异常洁净,加之梯形状的湖泊层层过滤,其水色愈加透明,能见度高达20米。翠海、叠瀑、彩林、雪峰、藏情,被誉为九寨沟"五绝",水乳交融,美不胜收。

九寨沟的森林2万余公顷,在2000~4000米的高山上垂直密布。主要种红松、云杉、冷杉、赤桦、领春木、连香树等。在这里的原始森林中,栖息着珍贵的大熊猫、白唇鹿、苏门羚、扭角羚、金猫等动物。海子中野鸭成群,天鹅、鸳鸯也常来嬉戏,是我国著名的自然保护区之一。

九寨沟的主要观景点包括：宝镜岩、盆景滩、芦苇海、五彩池、珍珠滩、镜海、犀牛海、诺日朗瀑布、火花海和长海等。

宝镜岩

宝镜岩为九寨沟风景的序幕，位于树正群海沟沟口。景区从沟口至荷叶寨迎客松，全长6千米。宝镜岩是一座擎天巨石，高达800米，直耸云天。岩壁平滑如镜，据说能照得妖魔现出原形，所以叫这个名字。相传是九寨沟景区万山之祖扎依扎嘎为镇压九寨沟内108个海子中之孽龙兴风作浪而竖立的。岩顶上有一短发虬髯巨人，隐约可辨其眼、耳、口、鼻，传说此乃万山之祖扎依扎嘎的头影。岩上书有8个藏文符咒，至今仍无人辨识。据说唯有幸福吉祥者可以辨认这神笔书写的符咒。宝镜岩景观区中九寨沟第一海——芦苇海，该湖长约2千米，水面芦苇丛生，栖息着成双成对的水鸟。沿此湖上行，在至荷叶寨的途中，有一株百年巨松，孑屹立谓之为迎客松。区内还有一处名"盆景海"的湖泊景点。

芦苇海

芦苇海海拔2140米，是一个半沼泽湖泊。海中芦苇丛生，水鸟飞翔，清溪碧流，漾绿摇翠，蜻蜓空行，好一派泽国风光。芦苇海中，荡荡芦苇，一片青葱，微风徐来，绿浪起伏。飒飒之声，委婉抒情，使人心旷神怡。

花开时节又是一番景象，鹅绒绒的芦花搔首弄姿，扭捏作态，掀起层层絮潮，引来队队鹭鸶、双双野鸭。于是整个芦苇海中，充满了生气，撞击出诗的韵律，叩击着人们的心扉。

芦苇海里芦苇丛生，随风舞动，是水鸟栖息的家园。由于海拔已达到2140米，此处的芦苇不似低海拔地方的芦苇那么高大。奇特的是在芦苇海中间有一条飘逸的水带，蜿蜒穿行于芦苇海中，把芦

苇海平分成两半。这条水带有着美玉一般的光泽与色泽，所以被称为玉带河。传说这条美丽的玉带河是由九寨沟女山神沃诺色嫫的腰带所变幻而成的。

🦋 珍珠滩

珍珠滩位于九寨沟景区的花石海下游0.5千米左右的地方，日则沟和南日沟的交界处。珍珠滩是九寨沟众多海子中一个较为宽阔的石头滩面，长满了各种灌木丛的浅滩，长约100米的水流在此经过多级跌落河谷，激流在倾斜而凹凸不平的乳黄色钙化滩面上溅起无数水珠。阳光下，点点水珠就像巨型扇贝里的粒粒珍珠，远看河中流动着一河洁白的珍珠。珍珠滩海拔2433米，宽约160米，面积9.5万平方米，是一片巨大扇形钙华流，清澈的水流在浅黄色的钙华滩上湍泻。

更为奇特的是珍珠滩上密布着浅黄色苔藓，这些苔藓并不滑腻，当人们试着赤足踩在苔藓上，才惊喜地发现就像踩在海绵上一般。几年前，游人还可涉滩戏水，亲自体验珍珠滩的神奇，现在却只能在岸边观看，不能下水。一道栈桥横跨珍珠滩，水流从栈桥下通过，游客可通过栈桥穿过海滩。

都江堰 🦋

都江堰坐落在成都平原西部的岷江上，位于四川省都江堰市城西，是中国古代建设并使用至今的大型水利工程，被誉为"世界水利文化的鼻祖"。都江堰不仅是举世闻名的中国古代水利工程，也是著名的风景名胜区。

都江堰水利工程是由秦国蜀郡太守李冰及其子率众于公元前256年左右修建的，是全世界迄今为止，年代最久、唯一留存、以无坝引水为特征的宏大水利工程。都江堰水利工程充分利用当地西北高、东南低的地理条件，根据江河出山口处特殊的地形、水脉、水势，乘势利导，无坝引水，自流灌溉，使堤防、分水、泄洪、排沙、控流相互依存，共为体系，保证了防洪、灌溉、水运和社会用水综合效益的充分发挥。都江堰建成后，成都平原沃野千里，"水旱从人，不知饥馑，时无荒年，谓之天府"。

🍂二王庙

二王庙位于岷江右岸的山坡上，前临都江堰，原为纪念蜀王的望帝祠，齐建武（494～498年）时改祀李冰父子，更名为"崇德祠"。宋代（960～1279年）以后，李冰父子相继被皇帝敕封为王，故而后人称之为"二王庙"。庙内主殿分别供奉有李冰父子的塑像，并珍藏有治水名言、诗人碑刻等。建筑群分布在都江堰渠首东岸，规模宏大，布局严谨，地极清幽。二王庙是庙宇和园林相结合的著名景区。占地约5万平方米，主建筑约1万平方米。它分东、西两菀，东菀为园林区，西菀为殿宇区。全庙为木穿逗结构建筑，庙寺完全依靠自然地理环境，依山取势，在建筑风格上不强调中轴对称，上下重叠交错，宏伟秀丽，环境幽美。

🦋宝瓶口

宝瓶口在整个水利工程中起"节制闸"作用，能自动控制内江进水量，是湔山（今名灌口山、玉垒山）伸向岷江的长脊上凿开的一个口子，它是人工凿成控制内江进水的咽喉，因它形似瓶口而功能奇持，故名宝瓶口。留在宝瓶口右边的山丘，因与其山体相离，故名离堆。离堆在开凿宝瓶口以前，是湔山虎头岩的一部分。由于

宝瓶口自然景观瑰丽，有"离堆锁峡"之称，属历史上著名的"灌阳十景"之一。

🦋安澜索桥

安澜索桥又名"安澜桥"、"夫妻桥"，位于都江堰鱼嘴之上，横跨内外两江，被誉为"中国古代五大桥梁"，是都江堰最具特征的景观。安澜索桥始建于宋代以前，明末（17世纪）毁于战火，古名珠浦桥，宋淳化元年改为评事桥，清嘉庆建新桥更名为安澜桥。原索桥以木排石墩承托，用粗竹缆横挂江面，上铺木板为桥面，两旁以竹索为栏，全长约500米，现在的桥为钢索混凝土桩。

古城古镇篇

古都西安

西安古称长安，现为陕西省会，地处黄河中游、秦岭北边、关中平原中部。它南依秦岭，北临渭河，是中华民族的重要发祥地之一。

西安与雅典、罗马、开罗并称世界四大古都，历史上先后有西周、秦、西汉、新莽、东汉、西晋、前赵、前秦、后秦、西魏、北周、隋、唐等13个王朝在西安建都。

作为华夏文明的发源地，西安的历史悠久，文化的积淀非常厚重，是我国颁布的第一批国家历史文化名城。西安作为世界四大文明古都之一，旅游资源得天独厚，是著名的世界历史名城。西安周围有120多座帝王陵墓围绕。从100多万年前旧石器时代的蓝田猿人，到六七千年前的新石器时代的半坡村，西安的建城史已有3100多年，众多王朝在此建都，历时1200多年。难怪有"秦中自古帝王州"的说法。在汉唐时期，西安就是我国政治、经济、文化和对外交流的中心，是当时人口最早超过百万的国际大都市。"西罗马，东长安"是西安在世界历史地位的写照。秦风韵故都，满意在古城。

龙在我国，根在西安。

西安还是著名的丝绸之路的起点。西汉时期，汉武帝派遣张骞出使西域，正式开辟了以长安为起点，联结欧亚大陆的通道"丝绸之路"。从此，我国的使臣、商贾和中亚、西亚、南亚各国的使节客商往来络绎不绝，中外商业贸易迅速发展，文化交流日趋活跃，友好往来不断加深。

"西安文物甲天下"，深厚的历史文化积淀和浩瀚的文物古迹遗存使西安享有"天然历史博物馆"的美称。全省境内有重点文物保护单位554处，其中陕西省国家级重点文物保护单位89处，陵墓8822处，古遗址5700余处，文物点21100余个。秦始皇兵马俑坑被誉为"世界第八大奇迹"，秦始皇陵是最早列入世界遗产名录的我国遗迹，西安古城墙是至今世界上保存最完整、规模最宏大的古城墙遗址。近年，汉阳陵的开发又一次造成了世界的轰动，其出土的裸体彩俑被誉为"东方维纳斯"。市内有6000多年历史的半坡遗址；明代建立的藏石碑3000多块、被誉为石质历史书库的碑林博物馆；文物储藏量为全国之最的陕西历史博物馆；唐代著名高僧玄奘法师译经之地大雁塔；西北历史最长的清真寺化觉巷大清真寺，以及西安周边的华夏始祖轩辕黄帝之陵黄帝陵；汉武帝刘彻之墓汉茂陵；唐女皇武则天与唐高宗李治的合葬墓唐乾陵；释迦牟尼佛指舍利存放之处法门寺，唐大明宫遗址等驰名中外的景点。自然景观峭拔险峻，独具特色，境内及附近有西岳华山、终南山、太白山、王顺山、骊山、楼观台、辋川溶洞等风景名胜区，更有周边的森林公园十余个。人文山水、古城新姿交相辉映，构成古老西安特有的神韵风姿。

古都北京

　　我国首都北京所处的北京湾小平原的地势，古人曾有过精辟的描述"左环沧海，右拥太行，南襟河济，诚天府之国"。

　　历史上北京有过 8 次做国都的档案记录，蓟、燕、辽、金、元、明、清与今天的中华人民共和国首都。其中燕国又分为古燕国、周燕国、汉封燕国、魏封燕国、西晋封燕国、东晋前燕国与五代燕国等 7 个历史时期的燕国，均以蓟城为都。经考古证明蓟城位于现北京西南宣武区境内。京都城历史的灿烂并不仅在于众多朝代在北京建都和超过千年的古城历史，最为醒目的是北京拥有举世闻名的 6 处世界文化遗产和丰厚的古都文化遗存。如全球最大的皇宫建筑群明清故宫，清朝皇家园林颐和园，明朝皇陵十三陵，明代八达岭长城；明清皇家朝祭圣殿天坛和远古周口店北京人遗址。其中位于北京古都中心的皇宫紫禁城是整个我国旅游的第一名胜。其实在我国悠长的古代都城历史中，明清故宫仅仅是百花一束。历史上秦咸阳宫和阿房宫，西汉长乐宫和未央宫，东汉南北宫，唐太极宫、大明宫和兴庆宫，北宋汴京宫，南宋临安宫室，元大都元宫皇城等都有过不可一世的雄伟建筑，只可惜历史无情，没能像故宫一样保留下来。

故　宫

　　故宫位于北京市中心，旧称紫禁城。是明、清两代的皇宫，无与伦比的古代建筑杰作，是世界现存最大、最完整的木质结构的古建筑群。

古城古镇篇

故宫始建于明永乐四年（1406 年），1420 年基本竣工，是明朝皇帝朱棣始建。故宫南北长 961 米，东西宽 753 米，面积约为 7.25 万平方米。建筑面积 15.5 万平方米。相传故宫一共有 9999.5 间，实际据 1973 年专家现场测量故宫有房间 8704 间，有人做过形象比喻，说一个人从出生就开始住，每一天住一间房，不重复，要住到 27 岁才可以出来。宫城周围环绕着高 12 米，长 3400 米的宫墙，形式为一长方形城池，墙外有 52 米宽的护城河环绕，形成一个森严壁垒的城堡。故宫宫殿建筑均是木结构、黄琉璃瓦顶、青白石底座，饰以金碧辉煌的彩画。故宫有 4 个门，正门名午门，东门名东华门，西门名西华门，北门名神武门。面对北门神武门，有用土、石筑成的景山，满山松柏成林。在整体布局上，景山可说是故宫建筑群的屏障。

故宫的建筑依据其布局与功用分为"外朝"与"内廷"两大部分。"外朝"与"内廷"以乾清门为界，乾清门以南为外朝，以北为内廷。故宫外朝、内廷的建筑气氛迥然不同。

外朝以太和殿、中和殿、保和殿三大殿为中心，是皇帝举行朝会的地方，也称为"前朝"。是封建皇帝行使权力、举行盛典的地方。此外两翼东有文华殿、文渊阁、上驷院、南三所；西有武英殿、内务府等建筑。内廷以乾清宫、交泰殿、坤宁宫后三宫为中心，两翼为养心殿、东六宫、西六宫、斋宫、毓庆宫，后有御花园，是封建帝王与后妃居住之所。内廷东部的宁寿宫是当年乾隆皇帝退位后为养老而修建的。内廷西部有慈宁宫、寿安宫等。此外还有重华宫、北五所等建筑。

故宫建成后，经历了明、清两个王朝，到 1911 年清帝逊位的 500 年间，历经了明、清两个朝代 24 位皇帝。是明清两朝最高统治核心的代名词。明清宫廷 500 多年的历史，包含了帝后活动、等级制度、权力斗争、宗教祭祀等。当时普通人连走近紫禁城墙附近的地方都算犯罪。由于明清宫廷是封建制度高度完备的最高统治中心，不寻常的大事往往都是围绕皇权的传承与安危展开的。如明代正统皇帝复辟的夺门之变、嘉靖皇帝被宫女谋刺的壬寅宫变、万历四十三年梃击太子宫的"梃击案"、泰昌皇帝因服丹丸而死亡的"红丸案"、泰昌帝病死后围绕着新皇帝登极的"移宫"风波。清朝初诸王大臣为确立皇权的三官庙之争、清末慈禧太后谋取权力的辛酉政变等等。

天 坛

　　天坛地处北京，在原北京外城的东南部，位于故宫正南偏东的城南，正阳门外东侧。天坛始建于明朝永乐十八年（1420 年），是我国古代明、清两朝历代皇帝祭天之地，总面积为 273 公顷。它是明清两代帝王用以"祭天"、"祈谷"的建筑，规模宏伟，富丽堂皇，是我国现存最大的古代祭祀性建筑群。1961 年，国务院公布天坛为"全国重点文物保护单位"。1998 年被联合国教科文组织确认为"世界文化遗产"。

　　天坛整个面积比故宫还大些，天坛的建筑设计十分考究，天坛的主要建筑均位于内坛，从南到北排列在一条直线上。全部宫殿、坛基都朝南成圆形，以象征天。整个布局和建筑结构，都具有独特的风格。祈年殿是皇帝祈祷五谷丰登的场所，是一座三重檐的圆形大殿，高 38 米，直径 32.72 米，蓝色琉璃瓦顶，全砖木结构，没有大梁长檩，全靠 28 根木柱和 36 根枋桷支撑，在建筑的造型上具有高度的艺术价值。

　　天坛被两重坛墙分隔成内坛和外坛，形似"回"字。两重坛墙的南侧转角皆为直角，北侧转角皆为圆弧形，象征着"天圆地方"。外坛墙周长 6553 米，原本只在西墙上开辟祈谷坛门和圜丘坛门，

古城古镇篇

1949年后又陆续新建了东门和北门，并把内坛南面的昭亨门改为南门。

天坛的内坛墙周长4152米，辟有六门：祈谷坛有东、北、西三座天门，圜丘坛的南面有泰元、昭亨和广利门。主要建筑都集中在内坛，南有圜丘坛和皇穹宇，北有祈年殿和皇干殿，两部分之间有隔墙相隔，并用一座长360米、宽28米、高2.5米的"丹陛桥"（砖砌甬道）连接圜丘坛和祈谷坛，构成了内坛的南北轴线。

圜丘坛是皇帝举行祭天大礼的地方，始建于嘉靖九年（1530年）。坛平面呈圆形，共分3层，皆设汉白玉栏板。坛面原来使用蓝琉璃砖，乾隆十四年（1749年）重建后，改用坚硬耐久的艾叶青石铺设。每层的栏杆头上都刻有云龙纹，在每一栏杆下又向外伸出一石螭头，用于坛面排水。圜丘坛有外方内圆两重矮墙，象征着天圆地方。圜丘坛的附属建筑有皇穹宇及其配庑（wǔ）、神库、宰牲亭、三库（祭器库、乐器库、棕荐库）等。站在圜丘坛最上层中央的圆石上面虽小声说话，却显得十分洪亮。因此每当皇帝在这里祭天，其洪亮声音，就如同上天神谕一般，加上祭礼时那庄严的气氛，更具神秘效果。

皇穹宇位于圜丘坛以北，是供奉圜丘坛祭祀神位的场所，存放祭祀神牌的处所。始建于明嘉靖九年（1530年），初名泰神殿，嘉靖十七年（1538年）改称皇穹宇，为重檐圆攒尖顶建筑。清乾隆十七年（1752年）重建，改为鎏金宝顶单檐蓝瓦圆攒尖顶。它有东西配庑各5间。其正殿及东西庑共围于一平整光滑的圆墙之内，人们在墙的不同位置面墙说话，站在远处墙边的人，能十分清晰地听到，此为回音壁。皇穹宇台阶下，有3块石板，即回音石：在靠台阶的第一块石板上站立，击掌，可以听到一声回声；站在第二块石板上击一掌，可以听到两声回声；站在第三块石板上击一掌，可以听到三声回声。

祈谷坛是举行孟春祈谷大典的场所，建于明朝永乐十八年（1420 年），主要建筑有祈年殿、皇乾殿、东西配殿、祈年门、神厨、宰牲亭、长廊，祈谷坛的祭坛为坛殿结合的圆形建筑，是根据古代"屋下祭帝"的说法建立的。坛为 3 层，高 5.6 米，下层直径 91 米，中层直径 80 米，上层 68 米；祈年殿为圆形，高 38 米，直径 32.7 米，三重蓝琉璃瓦，圆形屋檐，攒尖顶，宝顶鎏金。祈年殿由 28 根楠木大柱支撑，柱子环转排列，中间 4 根龙井柱，高 19.2 米，直径 1.2 米，支撑上层屋檐；中间 12 根金柱支撑第二层屋檐；外围 12 根檐柱支撑第三层屋檐；相应设置三层天花，中间设置龙凤藻井；殿内梁枋施龙凤和玺彩画。

斋宫位于天坛西天门南，坐西朝东，是皇帝来天坛祈谷、祈天前斋戒沐浴的地方。所以，也可以说是一座小皇宫。它建有宫城，宫墙有两层：外层叫砖墙，内城称紫墙。外城主要是防卫设施，在外城四角建有值守房。外城东北角有一座钟楼，每逢皇帝进出斋宫，都要鸣钟迎送。斋宫内城分前、中、后三部分。前部以正殿为中心；后部是皇帝的内宅寝宫；中部是一个狭长的院子，院内两端各有廊瓦房五间，是主管太监和首领太监的值守房。斋宫面积 4 万平方米，有建筑房屋 200 余间，虽不及故宫金碧辉煌，但规模也很宏大，而且典雅清幽。明、清两朝皇帝均在祀前来此"致斋"三日，只有雍正皇帝以后"致斋"的前两日改在紫禁城内斋宫"致斋"，最后一天才迁居天坛斋宫。外围有两重御沟，外沟内岸四周有回廊 163 间。宫面东，正殿 5 间，为无梁殿式供券砖石结构。正殿月台上有斋戒铜人亭和时辰牌位亭，殿后有寝殿 5 间，东北隅有一座钟楼，内悬永乐年制太和钟一口。

地坛

地坛又称方泽坛，也称拜台，是古都北京五坛中的第二大坛。坐落在北京城安定门外，是明清两代皇帝祭祀皇地祇的所在，也是我国历史上连续祭祀时间最长的一座地坛。地坛始建于明代嘉靖九年（1530年）是明清两朝帝王祭祀"皇地祇神"的场所，也是我国现存的最大的祭地之坛。坛内总面积37.4公顷，呈方形，整个建筑从整体到局部都是遵照我国古代"天圆地方"、"天青地黄"、"天南地北"、"龙凤"、"乾坤"等传统和象征传说构思设计的。地坛现存有方泽坛、皇祇室、宰牲亭、斋宫、神库等古建筑。这种宏伟宽敞的祭祀坛，在国内外都是首屈一指的。

地坛分为内坛和外坛，以祭祀为中心，周围建有皇祇室、斋宫、神库、神厨、宰牲亭、钟楼等。它的面积不大，占地仅为天坛的1/8左右。举行祭地大典的方泽坛平面为正方形，上层高1.28米，边长20.5米，下层高1.25米，边长35米，乍一看去，似乎给人以矮小、简单之感。但是，就在这看似一无所有的表象下面，却隐含着象征、对比、透视效果、视错觉、夸大尺度、突出光影等一系列建筑艺术手法，隐含着古代建筑师们的匠心构思。

在我国古代，"天圆地方"的观念源远流长，因此，作为祭祀地祇场所的地坛建筑，最突出的一点即是以象征大地的正方形为几何母题而重复运用。从地坛平面的构成到墙圈、拜台的建造，一系列大小平立面上方向不同的正方形的反复出现，与天坛以象征苍天的圆形为母题而不断重复的情形构成了鲜明的对照。这些重复的方形，不仅具有强烈的象征意义，而且还创造了构图上平稳、协调、安定的建筑形象，而这又与大地平实的本色十分一致。

地坛建筑在色彩运用方面也颇具匠心。全部方泽坛只用了黄、红、灰、白4种颜色，便完成了象征、对比、过渡，形成了协调艺术整体、创造气氛的作用。祭台侧面贴黄色琉璃面砖，既标明其皇家建筑规格，又是地坻的象征，在我国古代建筑中，除了九龙壁之外，很少见到这种做法。在黄瓦与红墙之间以灰色起过渡作用，又是我国古代宫廷建筑常见的手法。整个建筑以白色为主并伴以强烈的红白对比，给人以深刻的印象。红墙庄重、热烈，汉白玉高雅、洁净；红色强调粗重有力，白色如轻纱白云，富有变幻丰富的光影和宜人的质感；红色在视觉上近在眼前，象征尘世，而白色则透视深远的效果，远方苍松翠柏的映衬，又使祭坛的轮廓十分鲜明，更增添了它神秘、神圣的色彩。

太　庙

　　太庙位于天安门东侧，是明清两代皇帝祭奠祖先的家庙，现为北京市劳动人民文化宫。太庙以古柏最为著名，园内有多株已经有数百年树龄的古树。

　　太庙始建于明永乐十八年（1420 年），是根据我国古代"敬天法祖"的传统礼制建造的。太庙平面呈长方形，南北长 475 米，东西宽 294 米，共有三重围墙，由前、中、后三大殿构成三层封闭式庭园，面积 13.96 万平方米。太庙是皇帝举行祭祖典礼的地方，主要建筑为三进大殿及配殿，大殿两侧各有配殿 15 间，东配殿供奉着历代的有功皇族神位，西配殿供奉异姓功臣神位。大殿之后的中殿和后殿都是黄琉璃瓦庑殿顶的九间大殿，中殿称寝殿，后殿称祧庙。此外还有神厨、神库、宰牲亭、治牲房等建筑。太庙以古柏著称，树龄多高达数百年，千姿百态，苍劲古拙。太庙的规划和木石部分大体保持原状，是北京最完整的明代建筑群之一。

　　前殿是三大殿中的主殿，这里是皇帝举行大祀之处。始建于明代，明末清初被毁得只剩有中间三间和殿柱。顺治年间重修太庙大殿，完工后的大殿十一楹，深四楹，重檐列脊，殿额有满汉文对照

的"太庙"。殿外的三重台基用汉白玉石栏环绕，月台御道正面依次刻有龙文石、狮纹石和海兽石。殿内的大梁为沉香木，其余用金丝榆木；地铺"金砖"；天花板及四柱，均贴有赤金叶。殿内供奉木制金漆的神座，帝座雕龙，后座雕凤。座前陈放有供品、香案和铜炉等。两侧的配殿设皇族和功臣的牌位。

中殿宽九楹，深四楹，通过石露台连接前殿，殿外的石阶下左右各有两个石灯。殿内正中室供太祖，其余各祖分供于各夹室。神龛之外陈列着与神牌数目相同的帝后神椅，对于皇后的祭祀，明代仅供原配，清代兼祀继配。始建于明永乐十八年（1420年），黄琉璃瓦单檐庑殿顶。面阔九间（长62.31米），进深四间（宽20.54米），殿内祖宗牌位同堂异室。各夹室内陈设神椅、香案、床榻、褥枕等物，牌位立于褥上，象征祖宗起居安寝。清末供奉努尔哈赤、皇太极、福临、玄烨、胤禛、弘历等11代帝后的牌位。每逢祭典前一天，将牌位移至享殿安放，祭毕奉回。

后殿四周围以红墙，有门五楹，殿九楹。殿外石阶中刻龙纹石，殿内供清朝立国前被追封的帝后神牌。后殿又称祧殿，是存放祭祀用品的地方，如今早已生活化。

天安门

天安门坐落在我国首都北京的市中心，故宫的南侧，与天安门广场隔长安街相望，是明、清两代皇城的大门。1949年10月1日，我国在这里举行了开国大典，它由此成为新中国的象征，并被设计入国徽。天安门以其500多年厚重的历史内涵、高度浓缩的中华古代文明和现代文明和无与伦比的政治瞩目和神往，是我国各族人民向往的地方。它记录了中华民族不惧流血和牺牲，争取独立自由的勇气和坚强；写下了新中国诞生的光辉一页，和中华民族走向强盛的壮丽诗篇。

天安门始建于明永乐十五年（1417年），1420年建成。最初仅是一座三层五间式的木结构牌楼，名字叫做"承天门"，取"承天启运"、"受命于天"之意。清顺治八年（1651年）在废墟上进行了大规模改建，重修为一座城楼，名字也改成"天安门"，取"受命于天，安邦治国"之意。

天安门位于北京城的传统的中轴线上，由城台和城楼两部分组成，造型威严庄重，气势宏大，是我国古代城门中最杰出的代表作。城楼通高37.4米，建于巨大条石砌成的须弥座式城台上，红墙、黄瓦5个拱形券门，金碧辉煌，蔚为壮观。城楼上60根朱红色通天圆柱，地面金砖铺成，一平如砥；高大而色彩浓郁的墙台上有两层重檐楼，有黄色琉璃瓦，东西九间，南北五间，象征皇权的"九五之尊"。南北两面均为菱花格扇门，36扇朱红菱花门扉；天花、门拱、梁枋上雕绘着传统的金龙彩绘和吉祥图案；贴金的"双龙合玺"彩锦，团龙图案的天花藻井，使整个大殿庄严雄伟，金碧辉煌。殿内由一个450千克八角宫灯和16个各重350千克的六角宫灯组成的众星捧月图案。城台下有券门五阙，中间的券门最大，位于北京皇城中轴线上，过去只有皇帝才可以由此出入。现在正中门洞上方悬挂着巨大的毛泽东画像，两边分别是"中华人民共和国万岁"和"世界人民大团结万岁"的大幅标语。门前开通的金水河，一枕碧流，飞架起七座精美的汉白玉桥，一般称为金水桥。桥面略拱，桥身如虹，构成绮丽的曲线美。在王朝帝国时代，中间最突出的一座雕着蟠龙柱头的桥面，只许皇帝一人通过，叫"御路桥"；左右两座雕有荷花柱头的桥面，只许亲王通过，叫"王公桥"；再两边的，只许三品以上的文武大臣通过，叫"品级桥"；最靠边的普通浮雕石桥，才是四品以下官吏和士兵走的，叫"公生桥"。桥南东西两侧，各有汉白玉石华表矗立，云绕龙盘，极富气势。

新中国成立后，政府对天安门多次维修，今已焕然一新。左右两侧筑起大型观礼台，供大型庆典贵宾观礼之用；金水河南并辟有绿化带，花木四季常青。

古都洛阳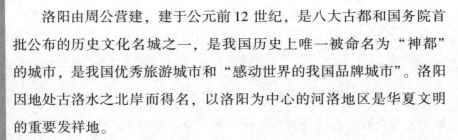

　　洛阳由周公营建，建于公元前 12 世纪，是八大古都和国务院首批公布的历史文化名城之一，是我国历史上唯一被命名为"神都"的城市，是我国优秀旅游城市和"感动世界的我国品牌城市"。洛阳因地处古洛水之北岸而得名，以洛阳为中心的河洛地区是华夏文明的重要发祥地。

　　洛阳市位于河南省西部，横跨黄河中游两岸，素有"九州腹地"之称。西依秦岭、出函谷关是关中秦川；东临嵩岳；南望伏牛；北靠太行且有黄河之险。2002 年 10 月，洛阳市建设城市中心广场时，在 1.6 万平方米的范围内考古发现了惊世的东周时期车马坑遗迹，先后共发掘出 18 座车马坑，其中一座长 42 米、宽 7.2 米。因从里面清理出一处 6 匹马驾一车的遗迹，印证了古文献中有关夏、商、周时期"天子驾六"之说，举世瞩目。

　　洛阳的北 25 千米处有中华民族的母亲河黄河及举世瞩目的小浪底水利枢纽工程，270 平方米浩渺水面与崇山峻岭融为一体，构成一幅北方千岛湖的壮观画面。东 80 千米处有中岳嵩山及少林寺名胜，青山叠翠，峰峦耸峙，寺庙巍巍，武校林立。南部和西部 50 ~ 160 千米范围内，分布有森林公园白云山、龙峪湾、花果山和国家级自然保护区伏牛山，有栾川老君山、洛宁神灵寨、嵩县天池山、新安青要山等 8 个省级森林公园和自然保护区，还有"北国第一溶洞"鸡冠洞、北国水乡重度沟和陆浑水库旅游度假区等景点。这些胜景密布且景景相连的自然景观，或山巍水澈，或峰奇水石怪，或谷狭洞幽，或竹翠林茂，或泉清瀑壮，融雄峻、奇险、秀丽于一炉，集豪野刚阳、明秀阴柔为一体，兼具南北自然风光之神韵。随着景区基础设施建设的逐步完善，特别是小浪底至南部自然景区旅游快速通道的建设，这些久违人间的天生丽景正吸引着越来越多的中外游客。

古都安阳

河南最北部的安阳市地处晋、冀、豫三省交汇处，西依太行山与山西接壤，北隔漳河与河北邯郸市相望，东与濮阳市毗邻，南与鹤壁、新乡连接。西部为山区，东部为平原。

安阳为我国八大古都之一、我国历史文化名城、我国优秀旅游城市、国家级园林城市，是甲骨文的故乡，同时也是中原经济区重要的中心城市。

世界文化遗产安阳古城为商代晚期（约公元前 1300～前 1046 年）的都城，距今已有 3300 年的历史。商以殷为都自盘庚迁殷至帝辛亡国周灭商共 255 年。殷墟规模巨大，总面积约 24 平方千米，总体布局以小屯宫殿宗庙区为中心，沿洹河两岸呈环形放射状分布，是一座开放形制的古代都城。殷墟现存有宫殿宗庙区、王陵区、后冈遗址和众多聚落遗址（族邑）、家族墓地群、甲骨窖穴、铸铜遗址、制玉、制骨作坊等众多遗迹。雄伟壮阔的宫殿宗庙建筑基址、

等级森严的王陵大墓、星罗棋布的居住遗址、家族墓地，密布其间的手工业作坊和以甲骨文、青铜器为代表的丰富文化遗存，构成了殷墟独特的文化内涵，展现出这座殷商王都的宏大规模和王者气派。殷墟是我国最早汉字甲骨文的集中出土地，出土甲骨文15万余片，单字4600多个，记载着殷商王朝政治、经济、文化等诸多内容。为我国汉字的最终形成奠定了基础。河南安阳殷墟已经作为世界文化遗产列入《世界遗产名录》。东汉末年至魏晋南北朝时期，曹魏、后赵、冉魏、前燕、东魏、北齐先后建都于古邺城（今安阳和邯郸境内）。

安阳作为我国八大古都之一，国家级历史文化名城，不仅是甲骨文的故乡，还是《周易》的发源地。中华民族最早使用的文字——甲骨文、世界上最大的青铜器——司母戊大方鼎在这里出土问世。在"我国20世纪100项考古大发现"评选中，安阳殷墟商代晚期都城遗址的发现与发掘名居榜首。另外，著名的大禹治水、文王演易、妇好请缨、苏秦拜相、西门豹治邺、岳母刺字等历史故事都发生在这里。安阳文物古迹较多，境内共有国家级文物保护单位8处，省级文物保护单位32处。悠久的历史，灿烂的文化，为安阳留下了宝贵的历史文化遗产。

古都开封

开封位于河南东部与黄河中下游冲积平原，北依黄河，南接黄淮平原，西临省会郑州，东近山东省会济南。开封地处中华民族历史发源地、我国文化摇篮的黄河南岸，是一座历史文化悠久的古城。

是北宋时的国都，简称汴，是我国八大古都和国务院首批公布的 24 座历史文化名城之一。

开封古称汴梁、汴京、东京，简称汴。开封之名源于春秋时期，当时，郑国君主郑庄公选择这里修筑储粮仓城，便取启拓封疆之意，定名启封。开封建城距今已有 2700 多年历史。战国时期魏、五代时期后梁、后晋、后汉、后周以及北宋和金七朝都于此。特别是北宋东京长达 168 年国都时期，历经九代帝王，城郭宏伟，人口百万，经济繁荣，不但是我国政治、经济、文化中心，也是世界上最繁华的都市之一，有汴京富丽天下无之称。千百年来黄河孕育出开封古都城两种文化奇观"地上悬河"与"城摞城"。地上因黄河泥沙年复一年地淤积使河床不断抬高，形成了河高于城的悬河奇观。地下考古发掘证实，魏大梁城如今在地面下 10 余米深；唐汴州城距地面 10 米深左右；北宋东京城距地面约 8 米深；金汴京城约 6 米深；明开封城约 6 米深；清开封城约 3 米深。层层叠压起来的 6 座地下城池，立体地展现了开封自建城以来 2000 多年的古代城市变迁史。从某种程度上说，"城摞城"浓缩了开封古都兴衰和王朝的更替历史。

开封地理位置优越，气候温和，物产丰富，交通便利，文化教育发达，科技进步，经济繁荣，是中原地区的重要旅游城市和对外开放城市。开封境内无山，河流、湖泊较多，气候温和，雨量充足，地上地下水资源丰富，自然生态环境较好。开封的河流分属黄河、淮河两大水系。其中流域面积在 100 平方千米以上的有黄河、涡河、惠济河、贾鲁河等 32 条。城区拥有龙亭、铁塔、禹王台三大园林风景区，包公湖、龙亭湖、铁塔湖有水系相通，湖水面积占城区面积的 1/4，素有"北方水城"之美誉。开封是中原地区黄河沿线重要的旅游城市，2001 年被国家旅游局命名为我国优秀旅游城市。悠久的历史，深厚的文化积淀，使开封享有七朝都会、文化名城、大宋

故都、菊城之盛名。遍布市县的名胜古迹，依稀可寻的古城风貌，特色浓郁的民俗文化，绚丽多姿的秋菊，显示了古都的风韵和魅力。开封拥有众多旅游景点创造和打破了我国世界纪录协会多项世界纪录、我国纪录，获得多项世界之最、我国之最。

古都杭州

　　杭州位于我国东南沿海，浙江省北部，钱塘江下游北岸，京杭大运河南端。西部为丘陵，东部为平原，是河网密布的鱼米之乡。杭州不仅是我国八代古都之一，也是我国最著名的风景旅游城市之一，"上有天堂、下有苏杭"表达了古往今来的人们对于这座美丽城市的由衷赞美。元朝时曾被意大利著名旅行家马可·波罗赞为"世界上最美丽的华贵之城"。

　　杭州有文字记载的历史有 2200 多年，建城于秦朝，公元前 222 年在灵隐山麓设县治，称钱塘县，属会稽郡，是杭州最早的建制；隋开皇九年（589 年），设置杭州，杭州名称首次出现，开皇十一年，杭州历史上第一次建造州城；610 年，沟通南北的大运河建成；到隋朝末年，成为当时著名的商业都市。五代吴越国和南宋王朝两带建都杭州，为杭州古城历史写下了重要的篇章。吴越国是历史上的五代十国之一，907 年，吴越王钱镠在杭州建都，历时 72 年，城垣大为扩展，内有子城，外有夹城和罗城。为防治海潮，六和塔和艮山门之间还修建了工程浩大的钱塘江海堤。吴越时提倡佛教，修建了不少寺院、宝塔，如灵隐寺、净慈寺、六和塔等，点缀了杭州湖光山色。1129 年，宋高宗南渡杭州，改杭州为临安府。自 1138 年南宋定都杭州后，历时 153 年。历代宋皇建起南跨吴山，北临运河，东南依钱塘江，西濒西湖的九曲都城和西湖四周及城里的行宫御园，形成历史上"一色楼台三十里，不知何处是孤山"的美景。只可惜 1276 年元军攻下临安，南宋皇城被焚。

杭州地处长江三角洲南沿和钱塘江流域，地形复杂多样。杭州市西部属浙西丘陵区，主干山脉有天目山等。东部属浙北平原，地势低平，河网密布。具有典型的"江南水乡"特征。省内最大河流钱塘江由西南向东北，流经全市大部分地区。东苕溪通过临安、余杭等地汇入太湖。杭州拥有两个国家级风景名胜区：西湖风景名胜区、"两江一湖"（富春江—新安江—千岛湖）风景名胜区；两个国家级自然保护区：天目山、清凉峰自然保护区；6 个森林公园：千岛湖、大奇山、午潮山、富春江、青山湖和瑶琳森林公园；一个国家级旅游度假区：之江国家旅游度假区；全国首个国家级湿地：西溪国家湿地公园。杭州还有全国重点文物保护单位 25 个、国家级博物馆 9 个。这些名胜古迹使杭州素有"鱼米之乡"、"丝绸之府"、"人间天堂"之美誉。

古都南京

江苏省会南京市古都三面环山，一面环水，地处长江下游的宁镇丘陵地区，东临长江三角洲，西靠皖南丘陵，南连太湖水网，北接江淮平原，"黄金水道"长江穿越境域，距入海口 380 千米。

南京名称始于明代初年，历史上先后称为冶城、越城、金陵、秣陵、石头城、建业、建邺、建康（南朝）、白下、升州、江宁、集

古城古镇篇

庆，应天府（明）、天京等名。公元前472年，越王勾践灭吴后，在今天南京中华门西南侧建越城，又名范蠡城。东晋以建康为都。此后南朝宋、齐、梁、陈相继在此建都。东晋改建的建康都城和宫城，布局仿魏晋洛阳城，基础仍为建邺城，自后南朝无大改动。南京古都的再度繁荣是在明1368年，朱元璋在应天称帝，改称南京。这是南京第一次成为全国的政治中心。明代的南京城，可称为世界古代第一大城。其外郭城周长60千米，18个城门。内城周长33.7千米，城墙平均高14～21米，基宽14米，开13座城门。1912年元旦，孙中山在南京就任临时大总统，改江宁府为南京府，定都南京。

燕子矶

燕子矶在城北观音门外直渎山，因巨大的石峰突兀临江、三面悬绝、远眺若飞燕展翅，故名燕子矶。登上燕子矶头，遥江北望，海阔天空。夕照时刻，尤为壮观，故"燕子夕照"被列为金陵四十八景之一。

燕子矶自古以来就是过江的重要渡口，因其地势险要、总扼大江，因而也是重要的军事要地。据史载，隋灭陈时晋王杨广即由此入据南京。后来，明太祖朱元璋也是从这里登岸，开始他建都南京的伟业。这里也是乾隆皇帝下江南时的一个登录之地。矶顶有御碑亭，亭中正面刻有他所题"燕子矶"3个字，背后刻有他的一首七言绝句。

自朱元璋建都南京之后，燕子矶成为文人墨客登临抒怀的名胜之地。数百年来，多有脍炙人口的诗作和绘画传世。"金陵八家"之一吴宏的《燕子矶图卷》就是其中一个优秀的代表。图中江山与山石相接，渔船停泊在偏僻的港湾，山脚下的农庄小舍一片宁静，江水微波荡漾，令人心旷神怡。

莫愁湖

出水西门 1 里左右，便到了"金陵第一名胜"莫愁湖。莫愁湖水陆面积 700 余亩，水面占 1/3，湖水清澈，楼亭幽雅。原名石城湖，据说因后人思慕莫愁女而改名。

相传南齐时，洛阳有一采药人家的女儿，名莫愁，天生聪明，采桑、养蚕、纺织无一不精，还跟父亲学了一手采药、治病的本领。她 16 岁那年，父亲上山采药身亡，因为家贫如洗，只得卖身葬父。恰巧此时建康豪富卢员外在洛阳经商，看上了她，买为儿媳，并替她承办了父亲的后事。莫愁只得忍痛舍弃自己青梅竹马的意中人，跟着卢员外来到建康石城湖边的卢家花园，跟卢员外的儿子成了亲。婚后，莫愁和丈夫的生活倒也恩恩爱爱。丈夫为了让她高兴，就在住房插上很多她喜欢的郁金香，邻里便把她的住房叫做郁金堂。不料，这种日子没过多久，她丈夫应征调赴辽阳边塞，一去杳无音讯。接着，家业又在变乱中逐渐破落。莫愁经历了这么多变故，应是愁肠百结，但她有一颗善良的心，将家忧置于一旁，经常给乡亲采药、治病，周济四邻，并以之为乐。后来，乡邻为了纪念这位慧美、善良的女子，就将石城湖和卢家花园改称"莫愁湖"。

现在的莫愁湖有郁金堂、赏荷厅、胜棋楼、光华亭、待渡亭、六角亭、湖心亭、清风榭，以及回廊、水池等建筑。郁金堂壁上有莫愁阴文石刻像，西侧荷花池中有莫愁汉白玉塑像。塑像莫愁女发髻高耸，衣裙飘飘，恬静、优雅，仿佛刚刚采药（或采桑）归来。

古城郑州

河南省会城市郑州地处黄河南岸，北临黄河，西依嵩山，东与南部为广阔的黄淮平原，境内大小河流35条，分属于黄河和淮河两大水系，其中黄河郑州段150千米。郑州现辖6区5市1县，一个国家级新区，两个国家级开发区、一个国家级出口加工区，是我国历史文化名城、我国八大古都之一、我国优秀旅游城市、国家园林城市、国家卫生城市、拥有得天独厚的自然资源。它是中华人文始祖轩辕黄帝的故里，商朝开国君主商汤所建的亳都，今河南省政治、经济、教育、科研、文化中心。

商代第一都遗址，全国重点文物保护单位郑州商城的考古发现其建城时间距今约3600年。古商都城遗址是一个总面积约25平方千米，由宫城、内城、外城所组成的城郭制齐备的古代都市。宫城内分布有数十处大型夯土基址，小则数十平方米，大则数百平方米甚至上千平方米。宫殿区内还有祭祀遗址。郭城内发现2处铸铜作坊、1处制陶作坊和1处制骨作坊遗址，还有4处墓葬区。郑州商城是迄今为止考古发掘的建制完善最早的城市。郑州商城的年代，为公元前1600~前1415年。汤灭夏后，汤建郑州商城为亳都。加上商汤以后的太丁、外丙、中壬、太甲、沃丁、太庚、小甲、雍己、太戊共有10位商王沿用了郑州汤都，共约150年的时间。位于郑州新郑的另一处全国重点文物保护单位郑国和韩国都城遗址，春秋战国时期先后为郑国和韩国的都城。故城建在双洎（jì）河与黄水交汇处的三角地上，东为黄水，西、南为双河。故城为相开列的东西两城，西城呈一缺西南角的矩形，东西约2400米，南北约2800米。

　　悠久的历史给郑州留下了丰富的文化积淀，全市有各类文物古迹1400多处，其中我国家级文物保护单位26处。嵩山风景名胜区是全国44个重点风景名胜区之一和全国文明风景旅游区示范点，"天下第一名刹"少林寺就坐落在嵩山脚下，威震海内外的少林功夫从这里走向世界。这里还有我国最早的天文建筑周公测景台和元代观星台、我国宋代四大书院之一嵩阳书院、我国现存最大的道教建筑群中岳庙等。在郑州周围，还有星罗棋布的古城、古文化、古墓葬、古建筑、古关隘和古战场遗址，著名历史人物轩辕黄帝、列子、子产、申不害、韩非子、郑国、陈胜、张良、潘安、杜甫、白居易、李商隐、高拱、李诚、李驰航等出生在郑州所辖县市。

曲　阜

　　在山东省的西南部，有一个孔姓人口占1/5的县级市，它就是有着5000多年悠久历史的"东方圣城"——曲阜。"千年礼乐归东鲁，万古衣冠拜素王"曲阜之所以享誉全球，是与孔子的名字紧密相连的。曲阜的孔府、孔庙、孔林，统称"三孔"，是中国历代纪念孔子，推崇儒学的表征，以丰厚的文化积淀、悠久历史、宏大规模、丰富文物珍藏，以及科学艺术价值而著称。因其在中国历史和世界东方文化中的显著地位，而被联合国教科文组织列为世界文化遗产，被尊崇为世界三大圣城之一。

　　曲阜有辉煌的文化遗产，895平方千米的大地上就有文物古迹300处，其中6处列入全国重点文物保护单位，11处列入山东省重

点文物保护单位。1994 年，孔庙、孔府、孔林还被列入世界文化遗产。

曲阜现保存金元明清古建筑 1300 多间，西汉以来历代碑刻 5000 余块，古树名木 17000 余株，库藏文物 10 万余件，孔府明清文书档案 6 万余件，它们都具有极高的历史、文化价值。

孔 庙

孔庙是祭祀孔子，表彰儒学的庙宇。它始建于周，完成于明清时期，是世界上 2000 余座孔庙中最大的一座，在中国的宫殿式建筑中也是闻明遐迩。

孔庙现占地 14 万平方米，三路布局，九进庭院，贯穿在一条中轴线上，左右作对称排列。整个建筑群包括五殿、一阁、一坛、两堂、17 座碑亭，共 466 间，分别建于金、元、明、清和民国时期。主体建筑大成殿，重檐九脊，黄瓦飞甍，周绕回廊，为东方三大殿之一。1200 余株古桧明苍翠欲滴，庄重威严，自然天成。汉以来的历代碑刻 1040 多块，连同大量书、画、牌、匾等珍贵文化遗存，不仅是儒家文化的载体，更镌刻了中华文明的沧桑足迹。

孔 府

孔子嫡系长支世代居住的府第，是中国现存历史最久，规模最大，保存最完整的衙宅合一的古建筑群，有"天下第一家"之称。孔子去世以后至宋代以前，长子长孙依庙居于阙里故宅，看管孔子遗物，奉祀孔子，称"袭封宅"。历代帝王在尊崇孔子推行儒家文化的同时，对其子孙一再加官封爵，赐地建府。宋宝元年间，首封孔子四十六代孙孔宗愿为"衍圣公"，兼曲阜县令，并新建府第，改称衍圣公府。明洪武十年，重建府第，府内始设置官署，后经历代扩建，达到现在的规模。

孔府现占地 12 万平方米，按明代一品官府第形制，以明清建筑为主体风格，三路布局，前堂后衙，府第功能分区明确，建筑排列有序。中路前为官衙，供衍圣公处理公务及宗族事务；后为内宅，是衍圣公饮食起居之所。东路前为东学，供衍圣公读书励志、接待官员；中部为家庙，供衍圣公奉祀先人；后部为一贯堂，供衍圣公次子、奉祀子思的世袭翰林院五经博士使用。西路前为西学，供衍圣公学诗学礼、诗文会友；后为花厅，供衍圣公闲居。衍圣公的主要职责是护卫孔子林庙、代表国家祭祀孔子。孔府因此保存了众多的祭祀礼器，最为著名的是清康熙皇帝和乾隆皇帝分别颁赐的中和韶乐乐舞具和商周十供。衍圣公世代恪守"诗礼传家"的祖训，着意收集历代礼器法物，藏品达 10 万余件，尤以孔子画像、元明衣冠、衍圣公及夫人肖像著称于世。孔府最著名的珍藏还有明清文书档案，它是孔府 400 多年各种活动的实录，共有 30 多万件，是中国数量最多、时代最久的私家档案，对于研究中国明清史特别是明清经济史具有重要价值。这是世界上现存最为显赫的贵族府第。

孔 林

孔林作为家族墓地，为世界之最。自孔子"葬鲁城北泗上"，其子孙接冢而葬，2000 多年从未间断。林内墓冢累累，多达 10 万余座，成为世界上延时最久、规模最大的家族墓地。现占地 200 万余平方米。孔子去世后，"弟子各以四方奇木来植，故多异树，鲁人世世代代无能名者"。

林内现有树木 10 万余株，其中 200 年以上古树名木 9000 多株。孔林还有各种奇花异草 130 余种，可以说是一座天然植物园。孔林还是一座集墓葬、建筑、石雕、碑刻为一体的露天博物馆。历代王朝为褒扬儒学，不断增拓墓园，辟神道，筑周垣，建林门，刻石仪；子孙也代代博葬，立碑刻石。林内现有金、元、明、清至民国历代

墓碑4000余块，是我国数量最多的碑林。除汉碑移入孔庙外，尚有李东阳、严嵩、翁方纲、康有为等明清著名书法家题写的碑文。丰富的地上文物，对于研究我国墓葬制度的沿革，对于研究我国古代政治、经济、文化、风俗、书法、艺术等都具有很高的价值。

丽江古城

丽江古城又名大研镇，它位于丽江坝中部，北依象山、金虹山，西枕狮子山，东南面临数十里的良田阔野，海拔2400米。因地处滇、川、藏交通要道，古时候频繁的商旅活动，促使当地人丁兴旺，很快成为远近闻名的集市和重镇。它是我国历史文化名城中唯一没有城墙的古城，据说是因为丽江世袭统治者姓木，筑城势必如木字加框而成"困"字之故。

古城始建于元初，在南宋时期就初具规模，已有八九百年的历史。公元1253年，忽必烈（元世祖）南征大理国时，就曾驻军于此。由此开始，直至清初的近500年里，丽江地区皆为中央王朝管辖下的纳西族木氏先祖及木氏土司（1382年设立）世袭统治。自明朝时，丽江古城便有古称"大研厢"，因其居丽江坝中心，四面青山环绕，一片碧野之间绿水萦回，形似一块碧玉大砚，故而得名。古城曾是明朝丽江军民府和清朝丽江府的府衙署所在地，民国以后改称大研镇。因为集中了纳西文化的精华，并完整地保留了元以来形成的历史风貌，被国务院列为国家级历史文化名城。

丽江古城内的街道依山傍水修建，铺的大多都是红色角砾岩，雨季不会泥泞、旱季也不会飞灰，石上花纹图案自然雅致，与整个古城环境相得益彰。位于古城中心的四方街是丽江古城的中心，位于古城与新城交界处的大水车是丽江古城的标志，古城大水车旁有一块大屏幕，每日播放的歌曲即是古城最受欢迎最有特色的歌曲，其中《纳西净地》是较为出名的歌曲之一。

在丽江古城区内的玉河水系上，修建有桥梁354座，其密度为平均每平方千米93座。桥梁的形制多种多样，较著名的有锁翠桥、大石桥、万千桥、南门桥、马鞍桥、仁寿桥，均修建于明清时期（14～19世纪）。其中以位于四方街以东100米的大石桥最具特色。

古城内的木府原为丽江世袭土司木氏的衙署，始建于元代（1271～1368年），1998年重建后改为古城博物院。木府占地46亩，府内有大小房间共162间。其内还悬挂有历代皇帝钦赐的匾额十一块，它们见证了木氏家族的盛衰历史。

位于城内福国寺的五凤楼始建于明代万历二十九年（公元1601年），楼高20米。因其建筑形制酷似5只飞来的彩凤，故名"五凤楼"。五凤楼融合了汉、藏、纳西等民族的建筑艺术风格，是我国古代建筑中的稀世珍宝和典型范例。

白沙民居建筑群位于丽江古城以北8千米处，这里曾是宋元时期（公元10～14世纪）丽江地区政治、经济、文化的中心。白沙民居建筑群分布在一条南北走向的主轴上，中心为一梯形广场，一股泉水由北面引入广场，4条巷道从广场通向四方，极具特色。白沙民居建筑群的形成和发展为后来丽江古城的布局奠定了基础。

束河民居建筑群位于丽江古城西北4千米处，是丽江古城周边的一个小集市，建筑群内民居房舍错落有致，布局形制与丽江古城四方街相似。青龙河自建筑群的中央穿过，建于明代（1368～1644年）的青龙桥横跨其上，青龙桥是丽江境内规模最大，历史最悠久的石拱桥。

丽江古城历史悠久，古朴自然。城市布局错落有致，既具有山城风貌，又富于水乡韵味。丽江民居既融和了汉、白、彝、藏各民族精华，又有纳西族的独特风采，是研究我国建筑史、文化史不可多得的重要遗产。丽江古城包容着丰富的民族传统文化，集中体现了纳西民族的兴旺与发展，是研究人类文化发展的重要史料。

凤凰古城

凤凰古城是国家历史文化名城，曾被新西兰著名作家路易艾黎称赞为我国最美丽的小城。这里与吉首的德夯苗寨、永顺的猛洞河、贵州的梵净山相毗邻，是怀化、吉首、贵州铜仁三地之间的必经之路。作为一座国家历史文化名城，凤凰的风景将自然的、人文的特质有机融合到一处，透视后的沉重感也许正是其吸引八方游人的魅力之精髓。这座小城建于清康熙时，这颗"湘西明珠"是名副其实的"小"，小到城内仅有一条像样的东西大街，可它却是一条绿色长廊。

凤凰自古以来一直是苗族和土家族的聚居地区。春秋战国时期，凤凰为"五溪苗蛮之地"，凤凰属楚国疆域。据本县出土的文物考证，当时汉文化已影响到这里。秦一统天下，分天下为 36 郡，凤凰当时属黔中郡。明始设五寨长官司，清置凤凰厅，以境内的凤凰山而得名。1913 年改为凤凰县。2001 年获中华人民共和国国务院特批，成为国家历史文化名城之一。

凤凰古城始建于清康熙四十三年（1704 年），历经 300 年风雨沧桑，古貌犹存。现东门和北门古城楼尚在，城内青石板街道，江

边木结构吊脚楼，以及朝阳宫、天王庙、大成殿、万寿宫等建筑无不具古城特色。

凤凰古城以古街为中轴，连接无数小巷，沟通全城。古街是一条纵向随势成线、横向交错铺砌的青石板路，自古以来便是热闹的集市，如今更加生机勃勃。凤凰古城的标志性建筑之一虹桥，原名卧虹桥，历史悠久。凤凰古城北门城楼本名"碧辉门"，采用红砂条石筑砌，既有军事防御作用，又有城市防洪功能，是古城一道坚固的屏障。凤凰古街两边建筑飞檐斗拱，店铺中陈设着琳琅满目的民族工艺品，浓浓的古意古韵，透出古街深厚的民族文化底蕴。

凤凰古城分为新旧两个城区，老城依山傍水，清浅的沱江穿城而过，红色砂岩砌成的城墙伫立在岸边，南华山衬着古老的城楼，城楼还是清朝年间的，锈迹斑斑的铁门，还看得出当年威武的模样。北城门下宽宽的河面上横着一条窄窄的木桥，以石为墩，两人对面都要侧身而过，这里曾是当年出城的唯一通道。

平遥古城

平遥古城位于山西北部，是一座具有 2700 多年历史的文化名城，与同为第二批国家历史文化名城的四川阆中、云南丽江、安徽歙县并称为"保存最为完好的四大古城"，也是目前我国唯一以整座古城申报世界文化遗产获得成功的古县城。

平遥旧称"古陶"，明朝初年，为防御外族南扰，始建城墙，洪武三年（1370 年）在旧墙垣基础上重筑扩修，并全面包砖。以后景德、正德、嘉靖、隆庆和万历各代进行过 10 次的补修和修葺，更新

城楼，增设敌台。康熙四十三年（1703年）因皇帝西巡路经平遥，而筑了四面大城楼，使城池更加壮观。平遥城墙总周长6163米，墙高约12米，把面积约2.25平方千米的平遥县城一隔为两个风格迥异的世界。城墙以内街道、铺面、市楼保留明清形制；城墙以外称新城。这是一座古代与现代建筑各成一体、交相辉映、令人遐思不已的佳地。

平遥古城的交通脉络由纵横交错的四大街、八小街、七十二条蚰蜒（yóu yán）巷构成。南大街为平遥古城的中轴线，北起东、西大街街接处，南到大东门（迎熏门），以古市楼贯穿南北，街道两旁，老字号与传统名店铺林立，是最为繁盛的传统商业街，清朝时期南大街控制着全国50%以上的金融机构。被誉为我国的"华尔兹街"。西大街西起下西门（凤仪门），东和南大街北端相交，与东大街呈一条笔直贯通的主街。著名的我国第一家票号——日升昌，就诞生于古城西大街，被誉为"大清金融第一街"。东大街东起下东门（亲翰门），西和南大街北端相交，与西大街呈一条笔直贯通的主街。北大街北起北门（拱极门），南通西大街中部。

八小街和七十二条蚰蜒巷，名称各有由来，有的得名于附近的建筑或醒目标志，例如衙门街、书院街、校场巷、贺兰桥巷、旗杆街、三眼井街、照壁南街、小察院巷等；有的得名于祠庙，例如文庙街、城隍庙街、罗汉庙街、火神庙街、关帝庙街、真武庙街、五道庙街等；有的得名于当地的大户，例如赵举人街、雷家院街、宋梦槐巷、阎家巷、冀家巷、郭家巷、范家街、邵家巷、马家巷等。古城东北角有一座相对封闭的城中之城，类似于古代城市中的坊，附近的4条街道也就被命名为东壁景堡、中壁景堡、西壁景堡和堡外街；还有一些街巷则已经无法探究名称来历了，例如仁义街、甜水巷、豆芽街、葫芦肚巷等。

平遥古城民居为砖墙瓦顶的木结构四合院为主，布局严谨，左右对称，尊卑有序。大家族则修建二进、三进院落甚至更大的院群，院落之间多用装饰华丽的垂花门分隔。民居院内大多装饰精美，进门通常建有砖雕照壁，檐下梁枋有木雕雀替，柱础、门柱、石鼓多用石雕装饰。

民间有句俗语："平遥古城十大怪"，其中一条是"房子半边盖。"平遥民居之所以大多为单坡内落水，流传最广的说法称之为"四水归堂"或"肥水不流外人田"，山西地处干旱，且风沙较大，将房屋建成单坡，能增加房屋临街外墙的高度，而临街又不开窗户，则能够有效地抵御风沙和提高安全系数。而院内紧凑的布局则显示对外排斥，对内凝聚的民族性格。

🌸 平遥三宝

人称平遥有三宝，古城墙便是其一。平遥县城墙，明洪武三年（1370年）建，周长6.4千米，是山西现存历史较早、规模最大的一座城墙。明、清两代都有补修，但基本上还是明初的形制和构造。城为方形，墙高12米左右，外表全部砖砌，墙上筑有垛口，墙外有护城河，深广各4米。城周辟门六道，东西各二，南北各一。东西诈外又筑以瓮城，以利防守。有3000个垛口、72座敌楼，据说象征孔子三千弟子及七十二圣人。城墙历经了600余年的风雨沧桑，至今仍雄风犹存。

第二宝为镇国寺。该寺的万佛殿建于五代（10世纪）时期，目前是我国排名第三位的古老木结构建筑，距今已有1000余年的历史。殿内的五代时期彩塑更是不可多得的雕塑艺术珍品。

第三宝为双林寺，位于古城西南。该寺修建于北齐武平二年（571年）。寺内10余座大殿内保存有元代至明代（13~17世纪）的彩塑造像2000余尊，被人们誉为"彩塑艺术的宝库"。

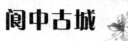

阆中古城

　　阆中市位于四川北部，嘉陵江中游，是国家历史文化名城、我国优秀旅游城市，号称"天下第一江山"。阆中古城位于阆中市城区南侧，是阆中的历史城区，也是四川省唯一完整保存下来的古城（而非古镇）。阆中古城已有2300多年的建城历史，向为古代巴蜀军事重镇。阆中土肥水美、气候适宜、物产丰富。阆中汉为巴郡，隋时改称阆内县，宋以后称阆中，历代多为州、郡、府治所。古城阆中的建筑风格体现了我国古代的居住风水观，棋盘式的古城格局，融南北风格于一体的建筑群，形成"半珠式"、"品"字型、"多"字型等风格迥异的建筑群体，是我国古代建城选址"天人合一"完备的典型范例。

　　阆中古城山围四面，水绕三方，天造地设，风景优美，2000多年来，阆中一直为蜀道"咽喉之地"，素有"阆苑仙境"、"巴蜀要冲"、"天下第一江山"之誉，唐代诗人杜甫在这里留下了"阆州城南天下稀"的千古名句。历来为川北政治、经济、文化、军事中心城市，而且早在1000多年前，阆中就是著名的旅游胜地。苏轼曾赞道"阆苑千葩映玉寰，人间只有此花新"，陆游也曾在此留下了"城中飞阁连危亭，处处轩窗对锦屏"的佳句。阆中源远流长的历史，创造了光辉灿烂的文化，留下了众多韵味横溢多珍贵的文化遗迹。厚重的文化底蕴和灿若群星的众多文物遗迹，构成了阆中古城在发展旅游中的独特优势。

　　"秦砖汉瓦魂，唐宋格局明清貌；京院苏园韵，川渝灵性巴阆风。"完整地概括了阆中古城的特点和历史风韵。阆中共拥有全国重点文物保护单位4处，省级文物保护单位13处，其数量居全省县级政区之首。分布在古城区内的重要历史遗迹有汉桓侯祠（张飞庙）、华光楼、贡院、清真寺、文庙、净圣庵、天主堂、火神楼、柳树井、红四方面军总政治部旧址以及正在修复或重建中的道台衙门、学署、武庙、中天楼等。这些历史遗迹是阆中悠久历史和厚重文化的具体体现，如果说阆中古城是一幅画，那么这些历史遗迹则是画中的"点睛之笔"，没有它们，古城将立即变得平庸起来。

歙县古城

歙县位于杭州、千岛湖、黄山、九华山旅游线的中心点，徽杭、屯芜公路在此交会，皖赣铁路穿越而过。这里山明水秀、风光旖旎。境内古民居群布局典雅，园林、长亭、古桥、石坊、古塔到处可见，犹如一座气势恢宏的历史博物馆。主要景点有太白楼、新安碑园、许国石坊、斗山街、陶行知纪念馆等。

太白楼位于太平古桥西侧，为黄山至千岛湖途中必经之地。该楼为双层楼阁，挑梁飞檐，为典型徽派建筑，楼内陈列有历代碑刻，古墨迹拓片，古今名人楹联佳名。相传，唐天宝年间，诗人李白寻访歙县隐士许宣平，结果在练江之畔失之交臂，后人为纪念此事，便在李白饮酒的地方建起了这座太白楼。游客登楼可以饱览城西水光山色、古桥塔影。

新安碑园紧邻太白楼，此景区将碑园与园林融为一体，整个建筑依山就势，多式花墙、漏窗、洞门相互通透，碑廊曲折起伏蜿蜒

古城古镇篇

200多米。高处立亭，洼处蓄池，竹影婆娑，为徽州私家花园的风格，其园筑于披云峰上，有峰有楼有水，虽然咫尺之地，却是博大胸怀，饶有山野情趣。

许国石坊耸立于县城闹市中心，为全国重点文物保护单位，建于明万历十二年（1584年），是朝廷为旌表李保兼太子太保礼部尚书、武英殿大学士许国而立。许国明代嘉靖乙丑（1565年）进士，为嘉靖、隆庆、万历三朝的重臣，博行皇上"加恩眷酬"。牌坊四面八柱，呈口字形，石柱、梁坊、栏板、斗拱、雀替均是重四五吨的大块石料，且全部为质地坚硬的青色茶园石，雕饰镂刻精美细腻，图案错落有致，疏朗多姿。成双结队的彩凤珍禽，翱翔雕梁之间，一个个飞龙走兽，扬威于画壁之中，12只倚柱石狮，神态各异，体现出徽派石雕独特的表现手法。

斗山街位于歙县城内，因依靠斗山得名，为文化历史名城一级保护区。徽商故里斗山街，是一处集古民居、古街、古雕、古井、古牌坊于一体的旅游文化景点。建于明清时期的斗山街，有典型的徽州名宅汪氏家宅，官府人家杨家大院，古私塾许家厅、世代商家潘家大院，千年蛤蟆古井，罕见的木盾牌坊——叶氏贞洁坊等，犹如一幅幅长长的历史画卷，向你娓娓述说着古老而又凄美的故事。青石板铺成的路面狭长、悠远，宛如再现戴望舒笔下的"雨巷"。

现存的南谯楼基本保持宋代的建筑风格，特别是其中的"排栅柱"，乃正宗宋代"营造法"，今已很难见到。东谯楼又名阳和门，原名钟楼，建于明弘治年间，为重檐式的双层楼阁，这两座谯楼咫尺相望。

乌　镇

　　乌镇是江南四大名镇之一，是个具有 6000 余年悠久历史的古镇，曾名乌墩和青墩。乌镇是典型的江南水乡古镇，素有"鱼米之乡，丝绸之府"之称。

　　乌镇地处浙江省桐乡市北端，西临湖州市南浔区，北界江苏苏州吴江市，为二省三市交界之处。乌镇原以市河（车溪）为界，分为乌青二镇，河西为乌镇，属湖州府乌程县；河东为青镇，属嘉兴府桐乡县。新中国成立后，市河以西的乌镇划归桐乡县，才统称乌镇。陆上交通有县级公路姚震线贯穿镇区，经姚震公路可与省道盐湖公路、国道 320 公路、318 公路、沪杭高速公路相衔接。乌镇距桐乡市区 13 千米，距周围嘉兴、湖州、吴江三市分别为 27 千米、45 千米和 60 千米，距杭州、苏州均为 80 千米，距上海 140 千米。从杭州出发走高速公路 1 个多小时的车程。一条流水贯穿全镇，它以水为街，以岸为市，两岸房屋建筑全面向河水，形成了水乡迷人的风光。水中不时有乌篷船依呀往返；岸边店铺林立叫卖声不绝于耳。

　　乌镇虽历经 2000 多年沧桑，仍完整地保存着原有的水乡古镇的风貌和格局，梁、柱、门、窗上的木雕和石雕工艺精湛。当地的居民至今仍住在这些老房子里。全镇以河成街，桥街相连，依河筑屋，深宅大院，重脊高檐，河埠廊坊，过街骑楼，穿竹石栏，临河水阁，古色古香，水镇一体，呈现一派古朴、明洁的幽静，是江南典型的"小桥、流水、人家"石板小路，古旧木屋，还有清清湖水的气息，仿佛都在提示着一种情致，一种氛围，无不体现着我国古典民居

"以和为美"的人文思想。乌镇以其自然环境和人文环境和谐相处的整体美，呈现江南水乡古镇的空间魅力。

乌镇是个水乡古镇，镇上有修真观、昭明太子读书处、唐代古银杏、转船湾、双桥等景点，西栅老街是我国保存最完好的明清建筑群之一。乌镇又是我国现代文学巨匠茅盾故里。镇上的茅盾故居是茅盾的出生地，现为国家级重点文物保护单位。东侧的立志书院是茅盾少年读书处，现辟为茅盾纪念馆。

🌸 西 栅

西栅由12座小岛组成，60多座小桥将这些小岛串联在一起，河流密度和石桥数量均为全国古镇之最。例如，通济桥和仁济桥两桥成直角相邻，不管站在哪一座桥边，都可以看到一个桥洞里的另一座桥，故有"桥里桥"之称。"桥里桥"是乌镇最美的古桥风景，堪称桥景一绝。

在西栅有许多"老底子"的东西——老街长达数千米、青石板路、屋子有一半挑在水上。有几样纯手工的东西可以一看：一是手工制酱作坊，镇上的红烧菜系味道不错，很大一部分是因为自产自销的酱油的功劳。二是生铁锅，系手工铸造，据说最受欢迎；三是蚕丝，益大丝号始创于光绪初年，游客可以亲手在老底子的缫丝机上操作。

夜幕降临时，喝着小酒，看对岸楼台上唱戏，或者到水边放几盏莲花灯，都会令人心醉。这里还保留着一些民俗活动。当时，女人们梳妆后各带一只平时煎药的瓦罐结队而行，过桥时将瓦罐丢入河中，认为这样可保佑在新的一年里无病无灾。到了近代，丢药罐的举动消失了，提灯走桥演化为节日游乐和祈福活动。

传承千年的历史文化；淳朴秀美的水乡风景；风味独特的美食佳肴；缤纷多彩的民俗节日；深厚的人文积淀和亘古不变的生活方

式使乌镇成了东方古老文明的活化石。智慧的传承伴随脉脉书香，在这儿展现一幅迷人的历史画卷，这是一种与生俱来的美丽。

周庄古镇

周庄镇位于上海、苏州、杭州之间，称为泽国，四面环水，咫尺往来，皆须舟楫。全镇依河成街，桥街相连，深宅大院，重脊高檐，河埠廊坊，过街骑楼，穿竹石栏，临河水阁，一派古朴幽静，是江南典型的小桥流水人家。周庄于 2003 年被评为我国历史文化名镇。

千年历史沧桑和浓郁吴地文化孕育的周庄，以其灵秀的水乡风貌、独特的人文景观、质朴的民俗风情成为东方文化的瑰宝。作为我国优秀传统文化杰出代表的周庄，成为吴地文化的摇篮、江南水乡的典范。

全福讲寺

宋元祐元年（1086 年），里人周迪功郎，舍宅为寺，位于白蚬湖畔。后经历代扩建，梵宫重叠，香火旺盛，成为远近闻名的寺院。到了 20 世纪 50 年代，殿宇改做粮库，随着周庄镇旅游业的发展，全福讲寺于 1995 年重建。历时不到一年，一座以水借景的寺庙园林建成了。全福讲寺处于全园中轴线，主要建筑有：山门、指归阁、大雄宝殿、藏经楼等。整座寺庙结构严整，殿宇轩昂，黄墙露瓦，雕梁画栋，蔚为大观。借水布景，巧夺天工，楼阁殿宇，鳞次栉比。既有佛教文化的博大精深，又有建筑艺术的美轮美奂，园林景色，如诗如画，令游人流连忘返。

全福讲寺共有五进，主体建筑大雄宝殿，殿宇雄伟，步入殿内，高达三丈有余的如来大佛巍然盘膝而坐，佛掌中可卧一人，佛身倍于江浙各大寺院。据清《周庄镇志》记载：如来大佛本苏州虎丘海涌峰云岩寺世尊像，清顺治五年（1648年），总戎杨承祖兵驻百蚬湖，迎于寺内。大佛左右伫立伟如二峰的文殊、普贤佛像，两侧的十八罗汉神态各异，栩栩如生。清书法家李仙根寻访全福讲寺，观寺院置湖光山色美景之中，题刻"水中佛国"巨匾于山门之上，熠熠生辉。一进山门耸峙南湖岸边，门前湖光潋滟，水埠码头平卧碧波。入山门，五孔石拱桥临跨荷花池上，桥上石栏相扶，驻足桥上，令人沉醉在"千层翠盖万妆红"的诗情画镜中。过拱桥可直抵指归阁。三进为大雄宝殿。飞檐翘角，轩廊环绕。屋高18米，顶脊上"佛光普照"4个大字闪闪发光。梅、兰、竹、菊砖雕构图别致，精细秀逸。步入殿堂，无数宝相庄严的大佛小佛重重叠叠，从四面八方扑面而来，如临佛国。每当拂晓时分，寺内和尚撞钟，声音传送至数十里外，人们把它当作报晓的金鸡，纷纷闻声起床。

木渎古镇

木渎是与苏州城同龄的水乡古镇，迄今已有2500多年历史。相传春秋末年，吴王夫差为取悦美女西施，在灵岩山顶建馆娃宫，并增筑姑苏台，"三年聚材，五年乃成"，木材源源而至，竟堵塞了山下的河流港渎，"积木塞渎"，木渎由此得名。

三国时，木渎已是三吴重镇。东晋时司空陆玩为陆逊后裔，曾建宅于灵岩山馆娃宫旧址，后舍宅为寺，木渎成为佛教圣地。清朝

中叶，木渎已是吴中著名商埠。清人徐扬绘有一幅乾隆年间姑苏繁华风貌的写实性图卷《盛世滋生图》，其中木渎部分竟占全卷的1/2。康熙三次南巡和乾隆六下江南，每次偏幸木渎，为这里的山水风光而倾倒。

木渎古镇位于苏州西郊灵岩山麓，依山而筑，傍水而居，其独特格局为江南诸多古镇少有。木渎更是江南唯一的园林古镇，明清时有私家园林30余处，现已修复严家花园、虹饮山房、灵岩山馆、古松园、榜眼府第等，其深厚的文化、幽雅的园林环境、脍炙人口的历史传说，为现代都市人提供了一个放松身心、陶冶情操的旅游休闲好去处。

古松园

古松园在山塘街，因园中有一株500多年的明代罗汉松而得名。古松园乃清末木渎富翁蔡少渔旧宅，布局紧凑，保存完好。砖雕门楼深雕缀饰，形神有致；古松堂方椽上刻有8只琵琶，以喻"八音联欢"，如此造型在江南园林建筑中绝无二例；凤凰楼为东山雕花大楼的前期作品，建筑和雕刻艺术如出一辙。后园小巧雅致，旖旎多姿。驻足双层长廊，可近揽古松翠色，远瞩灵岩山景，令人顿生尘外之想。后园西侧为我国工艺美术大师、沈寿传人——姚建萍刺绣艺术馆。

严家花园

严家花园为台湾严家淦先生的故宅，占地十六亩。一株古广玉兰冠幅宽广，浓荫蔽日，相传为乾隆下江南夜宿沈宅所栽。楠木大厅尚贤堂为明代建筑，体量宽敞，气宇轩昂，江南罕见。更有特色的是四季小园布局疏密曲折，高下得宜，局部处理精巧雅致，幽深婉约，显示了营造者独具匠心的造园艺术，被现代著名建筑学家刘

古城古镇篇

敦桢教授称为“江南园林经典之作”。

矮　寨

矮寨是一个以苗族人口为主的山区生态名镇、文化大镇和旅游重镇，位于湖南湘西土家族苗族自治州首府吉首市西15千米，湘川公路从寨中穿过，是一个风景美丽、古朴的苗乡集镇，为镇政府所在地。

矮寨周围有大龙洞风景区、古苗河风景区、边城风景区和吕洞山风景区，境内有开路先锋铜像、国家级风景区——德夯民俗风情园，更有闻名遐迩、雄奇壮丽并诞生了我国第一座立交桥的我国公路奇观，是张家界——猛洞河——吉首——凤凰大湘西旅游黄金线的中心名镇，是国家西南地区新兴的旅游热点地带，被誉为武陵山区的明珠城镇。

矮寨四周皆为巍峨险峻的大山，那“双龙抢宝山”、“金龟望月山”、“品字山”、“八仙峰”等群山相互媲美。秀丽的峒河与德夯溪在这里汇合，共同为矮寨塑造了一片肥沃的河滨田园。流经矮寨的这段峒河，有着自己独特的风貌，它首先在这里转了一个大弯，然后顺着古老的河床，傍山穿寨，悠扬而去。这河水洁净清亮，如同玉液，四季奔流不绝。河中有珍贵动物“娃娃鱼”，还有苗家喜食的“桃花虫”，河岸边有绿柳翠竹和黄花红梅，还有古老的筒车在咿咿呀呀地转动，以及靠水力带动的石碾盘也在咕噜咕噜地奔旋。

矮寨是一个具有浓厚的苗族风情的村寨。苗族人民一年一度的富有民族特色的“百狮会”、“四月八”和“赶秋节”等较大的传统节日都在此举行。每逢场日，边区山寨苗胞欢欣汇集，相互交流花带、蜡染、花边、剪纸、丝线、竹器、药材及各种农副土特产品。青年男女常在这天留步路旁，约会场边，寻侣结伴，悄悄许下私情。

矮寨公路奇观

公路奇观位于矮寨北坡上，人称"矮寨天险"，为湘川公路上最险的关卡。其地势之险，工程设计之巧妙居全国公路之冠。这段公路水平距离不到100米，垂直高度就有440米，坡度70~90度。车行公路上，如行云中，一会儿绕着"8"字攀缘，一会儿穿过天桥飞行。人称"我国第一座公路立交桥"。曲曲折折，绕来绕去，盘旋而上，如登天梯。从坡顶到坡下共转折13道大弯，路面结构也独特奇巧。从天桥上俯视坡下的矮寨，就像从飞机上看大地一样，房屋只能看到屋顶灰瓦，像一个个火柴盒，显得很小很矮。云雾像白絮一样，常常在公路左右凝聚，仿佛人们只要把手伸出车窗，就能抓来一朵白云。夏天，山下暑气蒸人，山上则凉风习习；冬天，山下白雪消融了，山上则冰凌满崖。随着车在不停地往坡上爬，游人会感觉离地面越来越远，渐渐地进入了云雾之中。车到山顶，已从云雾中钻出。在高处，可以看到壮观的云海。云层上露出的山峰被阳光照得金碧辉煌，与湛蓝的天空，洁白的云海构成一幅绝妙的图画。

矮寨的德夯

德夯位于湖南省湘西土家苗族自治州首府吉首市以西约24千米处，面积580平方千米，属省级风景名胜区。这里山势跌宕，绝壁高耸，峰林重叠，形成了许多断崖、石壁、瀑布、原始森林。区内溪河交错，四季如春，气候宜人，有丰富的动、植物资源，自然风光秀丽迷人。自矮寨镇沿溪上行4千米至德夯苗寨，沿岸筒车、水辗、古渡、小舟，伴以苗家吊脚楼，一派田园诗情。九龙溪穿寨而

古城古镇篇

GUCHENGGUZHENPIAN

过，四周山色清幽，悬崖如削。过石拱桥可登盘古峰，峰高400余米，山巅有大、小两峰，顶宽约5公顷，为盘根错节的原始森林，四周绝壁，站立峰顶，方圆景色尽收眼底。那200多米高的流沙瀑布、400米深的玉泉门峡谷、500多米高的天险盘古峰还有那人迹未至的原始次森林、古朴优雅的苗家风景，无不千姿百态，气象万千。

德夯，苗语为"美丽的峡谷"。由于山势跌宕，绝壁高耸，峰林重叠，形成了许多断崖、石壁、峰林、瀑布、原始森林。区内溪河交错，四季如春，气候宜人，有丰富的动植物资源，自然风光十分秀丽迷人。

德夯居住着一寨苗族，他们讲苗语、穿苗服，以歌为媒，自由恋爱。他们日出而作，日落而息。种田养蚕，纺纱织布，手工织品巧夺天工。

德夯风景名胜区，民俗风情十分古老纯朴，德夯风景区开展的民俗旅游项目有苗家做客、拦门对歌、敬酒、苗家跳歌晚会、歌舞会、苗族鼓舞、灯火送客等30多个旅游项目。

矮寨的德夯非常有名，它是一个典型的苗族村寨，湘渝公路最险的一段就经过这里，在水平的100米之内，公路共绕了13个弯，上升了数百米，如果你来这里，勇气可以得到很好的锻炼。在矮寨以西10千米的地方，有著名的流纱瀑布，据说该瀑布的落差达216米，雄踞全国之最。由于峡谷的风很大，使得水流左右飘舞，"流纱"二字恰好能描绘出它的特点。

流沙瀑布被称为最细腻的瀑布。德夯顺溪边小路右行3里许，就可以到流纱瀑布。瀑布高216米，如白练凌空，似银纱悬壁。大部分时候，瀑布从绝壁之上腾空而下，极高的落差，流水到了下面就散落成流沙状。游人可以沿着两边山路，从瀑布下走过，淡淡的水若雾似纱般纷纷扬扬飘下来，感觉如进入水帘洞一般，有丝丝细雨，浸入心脾。如细沙般的水珠随着风，吹在脸上，手上，草丛间，石头上，奔到底，便汇成了瀑布下那湛蓝的湖。没有如万马奔腾的磅礴气势，没有如万兽怒吼的狂嚣之声，但凭一点似有似无的轻柔，流沙瀑布以缥缈的气质萦绕于观者之心。

流纱瀑布附近有燕子峡瀑布群，它位于德夯溪的尽头，它由10道落差在200米左右的瀑布组成，雨季时瀑布群连成一片，宽约300米，景象十分壮观。德夯东北还有一个雷公洞，每当下大雨之前，洞口就会冒出缕缕白烟，十分神奇。

古寺名刹篇

云居寺

云居寺位于北京市西南房山区境内，背靠朱山，面向石经山，自隋唐以来就是著名的佛教圣地。寺内珍藏着具有 1000 多年历史的石经板 1 万多块，埋藏有我国文化遗产中的稀世瑰宝、石刻佛教大藏经——《房山石经》，其刊刻佛经规模之大，历史之久，堪称世界文化史上罕见的壮举，被誉为"北京的敦煌"。云居寺与石经山藏经洞、唐辽塔群构成我国佛教文化特色一大宝库。

云居寺始建于隋朝大业年间（605～617 年）至辽圣宗时期（983～1011 年）形成五大院落、六进殿宇，金、元、明、清各代都有修葺。云居寺原名西域云居禅林，当年建寺的静琬和尚鉴于纸本经卷易毁坏，开始刻造石经，并由寺院的和尚代代相传，共镌刻佛经 1122 部、3572 卷、14278 块。

云居寺原分为上寺和下寺。上寺是石经山上的 9 个藏经洞和最初的殿宇僧舍；下寺是静琬和尚后来兴建的云居寺。1981 年，在 9 个藏经洞之一的"雷音洞"发掘出两粒赤色、如小米粒般大小的佛舍利，更令云居寺在佛教界中名声大振。

位于海拔 450 米的石经山上的九个藏经洞，分为上下两层，上层七洞，下层两洞，其中以上层第五洞"雷音洞"规模最大，内容最丰富。洞内近似方形，由 4 根不等边的八角石柱支撑。石柱上浮雕了 1000 多尊佛像，雕工细腻，形象生动。洞壁四面镶嵌着 77 块经板，除少部分是元代雕刻外，其余大部分出自静琬和尚之手。据统计，9 个藏经洞共有经板 4000 多块。另外，在云居寺南塔下有一座南北长 19 米，东西宽 10 米的地宫，藏存了辽金时代镌刻的各种经板、碑刻 10082 块。

除珍贵的石经外，云居寺的藏经阁还珍藏着 22000 余卷佛教大藏经，均为明代刻印本和手抄本。其中还发现了 10 卷舌血经书，是出自妙莲寺比丘祖慧之手的《大方广佛华严经》。此外，云居寺以古塔历史悠久、数量众多、造型独特、雕刻精美而名冠京师。据统计，云居寺现存唐塔 7 座，辽塔 5 座，其中景云二年（711 年）塔是北京市最古的塔。

广济寺

广济寺也是我国佛教著名古刹之一，坐落在北京市阜成门内大街 25 号。

广济寺创建于宋朝末年，元朝末年毁于战火。到明朝景泰年间（1450～1456 年），村民耕地时发掘出陶制佛像、供器、石龟及石柱顶等物，才知到这里是古刹遗址。天顺（1457～1464 年）初年，山西僧人普慧、圆洪等法师云游至此，于废址上重建了寺庙。宪宗皇帝于成化二年（1466 年）下诏命名为"弘慈广济寺"。清朝初年，

恒明法师将广济寺改为律宗道场，在此设立戒坛，开坛传戒。清朝末年，道阶和尚任广济寺住持，在寺中兴办了弘慈佛学院，学僧超过了百人。1931年，广济寺不慎失火，主要殿堂焚烧殆尽。1935年，住持现明法师在吴佩孚等人的资助下按照明朝格局进行重修，广济寺的建筑规模比以前更大了。1972年和1976年，广济寺还进行了两次维修。现在的广济寺，在佛像的安奉、经典文物的收藏、法器的陈设和寺院的布置与管理等方面，都远胜前代。

广济寺占地2.3万平方米，坐北朝南，在中轴线上依次分布着山门殿、弥勒殿（天王殿）、大雄宝殿、圆通殿（观音殿）和多宝殿。东西两侧除钟楼和鼓楼外，还有整齐的配殿。寺庙的西北隅，有一座建于清康熙十七年（1678年）的戒坛殿和汉白玉砌成的戒坛，是广济寺现存最古建筑物，今称"三字堂"。整个寺院布局严谨，整齐对称，寺中有院，错落有序。

广济寺供奉着不少明清时期的佛像，还收藏了不少珍贵的佛教经卷、碑刻等文物。大雄宝殿里有一个乾隆五十八年（1793年）铸造的青铜宝鼎，有2米多高，造型古朴大方，工艺精湛，是珍贵的艺术珍品。

大雄宝殿后壁悬挂着一幅《胜果妙因图》指画，是清乾隆九年（1744年）著名画师傅雯用手指所绘。画高5米，宽10米。画中，释迦牟尼端坐在莲花座上讲经说法，周围100多位弟子洗耳恭听。有趣的是，听众中，还有我国的历史人物关羽、关平及布袋和尚等。

广济寺珍藏的佛教经典也十分浩繁，仅图书室就有23种文字，10多万册佛教经典、著作。其中的《大藏经》就有12种版本，是研究我国佛教发展和演变的重要史料。寺内还有1721～1753年甘肃临潭县卓尼寺能版印刷的一部藏文《大藏经》，共231包，是佛教中的珍贵文本。

戒台寺

位于北京市门头沟区的马鞍山上的戒台寺，因拥有全国最大的佛教戒坛而得名。它与福建泉州开元寺、浙江杭州昭庆寺的戒坛共称为"全国三大戒坛"。

戒台寺始建于隋代开皇年间（581～600年），至今已有1400多年的历史，原名慧聚寺，明朝英宗皇帝赐名为万寿禅寺。因寺内建有全国最大的佛教戒坛，民间通称为戒坛寺，又叫戒台寺。

戒台寺在我国佛教界占有极其重要的地位。由于寺内的戒坛可以授佛门的最高戒律菩萨戒，因而成为我国佛教的最高学府之一。从辽代到元代中期，因其曾有辽代道宗皇帝（1055～1095年）亲笔抄写的金字《大乘三聚戒本》，一直是北方佛教律宗的中心。

寺院坐西朝东，占地面积4.4万平方米，现存建筑多为清代建造。殿堂随山势高低而建，错落有致。中轴线上依次排列着山门殿、钟鼓二楼、天王殿、大雄宝殿、千佛阁（遗址）、观音殿和戒台殿。其中戒台是中心建筑，整个殿宇是一座重檐琉璃顶的方形建筑，内有明代所建的汉白玉戒台，成正方形，每边近10米长，3米多高，共分3级，四周雕有莲瓣、浮云等图案，刻工十分精细。整座戒台共有佛龛113个，安放着113座泥塑彩绘的戒神。依山而建使得戒台寺有层层高升之感，甚为壮观。

戒台寺的古树名木甚多，仅国家保护级古树就达88棵，其中最著名的当属古松。明清时期，"十大奇松"就已经闻名天下了。戒台寺的后山为石灰岩构造，亿万年来在雨水的侵蚀下，形成了许多天然溶洞，洞中的石钟乳和石笋构成了千奇百怪的造型。部分山洞曾经过人工修整建成石窟寺，是当年寺内部分高僧静修的地方。像这样密集的石窟寺岩洞群，在北京地区，是绝无仅有的一处。

五当召

　　五当召位于内蒙古自治区包头市西北阴山深处，距包头 70 千米，是内蒙古地区现存最大、最完整的纯藏式喇嘛寺庙，与西藏布达拉宫、青海塔尔寺，并称为我国藏传佛教中的三大名寺，是蒙古族牧民朝礼的圣地。它是一幢层层依山垒砌的白色建筑，群山环绕，为苍松翠柏掩映，显得十分雄浑壮观。

　　五当召始建于清康熙年间（1661～1722 年），由第一世活佛罗布桑加拉错按从西藏带回的扎什伦布寺图样为蓝本，亲自选地建造。经乾隆、嘉庆、光绪年间多次维修、扩建，逐步成了今日的规模。五当，蒙语意为"柳树"；召，即是寺庙的意思，因召前峡谷柳树繁茂而得名。寺庙保存完整的塑像、壁画以及庞大的规模使它成为内蒙古现存等级最高、规模最大的佛教学院。

　　整个寺院依山势建造，规模宏大，有大小殿宇、经堂、僧舍2730 多间，占地约 0.2 平方千米，分布在 1.5 千米长的山坡上。它的建筑布局独特，由六殿、三府、一陵组成数个别致的建筑群，两侧还建有一栋喇嘛舍房。所有建筑均采用藏式结构，各佛殿屋顶，均装饰着铜制大法轮、金鹿、宝幢等，远看殿堂洁白如雪，楼顶金光夺目，十分壮观。

　　坐落于整个召庙最前部的苏古沁独宫，是召中最主要的建筑物，内部装修富丽堂皇，后厅及二、三层楼上供奉着最大的铜铸佛像、释迦牟尼、黄教创始人宗喀巴及历代佛师。凡属全庙性的集会都在这里举行。并列于宫之西的是却依林独宫，殿内供设 10 米高的释迦牟尼铜佛，乃召庙中最大的铜铸佛像。此宫是专门讲授佛教教义的地方。高踞于两宫之上的是洞阔尔独宫，也称"时轮时数学院"。它是五当召的中心建筑，也是讲授天文、地理、占卜、历学和数学的场所。后面的洞阔尔佛爷府，是历代活佛居住的地方，建筑精美，布置豪华。

崇善寺

崇善寺位于山西省太原市迎泽区狄梁公街，初名白马寺，后改延寿寺、宗善寺，明代又改为崇善寺。寺庙现为山西省佛教协会驻地。

洪武十四年（1381 年）朱元璋三子晋恭王为纪念其母高皇后，就建于唐代的崇善寺旧址大事扩建。清同治三年（1864 年），寺庙在一场大火中化为灰烬。现存崇善寺的局部，包括山门、钟楼、东西两厢和大悲殿。现存的大悲殿为最完整、最标准的明代木构建筑，它的历史比北京故宫的太和殿还要早二三十年。

大悲殿占地 900 平方米，虽然仅有原崇善寺的几十分之一，但它基本上还是明代初修时的原物，因此具有极高的历史价值。殿面宽七间，进深四间，其上部为重檐歇山顶，斗拱五铺作，具有一种庄严的美。殿内豁敞明亮，从内柱、梁枋到平基，全部采用宫廷中惯用的金碧彩绘，处处给人以富丽、典雅的感觉。

殿内供奉千手千眼十一面观音、千钵文殊和普贤三尊巨像，像高8.5米，比例适度，衣饰流畅，完好无损。殿宇和塑像都为明初遗物。寺内还保存有宋、元、明版藏经，都有确切年代记载。门前有铁狮一对，系明洪武年间（1368～1398年）铸造，神姿威猛，筋骨雄健，为明代狮兽中的佳作。

严华寺

严华寺位于山西省大同市的中心地带，是一处气势雄伟的辽、金代建筑群，为我国华严宗重要的寺庙之一。

辽代佛教华严宗盛行，华严寺就始建于此时。因寺内曾安奉诸帝石像、铜像，当时还具有辽皇室祖庙性质。辽保大二年（1122年），寺内部分建筑毁于兵火。后来重建，至元代初年仍不失为云中（即云中郡，今大同雁北一带）巨刹。明宣德（1426～1435年）、景泰（1450～1456年）年间大事重修，补塑佛像，勃然中兴。明中叶以后分上下两寺，各开山门，自成格局。清初寺院复遭摧折，几经修缮，成了今日的规模。

现寺内主要保存有大雄宝殿（俗称上寺）和薄伽教藏殿（俗称下寺）两座佛殿。上寺大雄宝殿始建于辽，金代重建，殿面阔九间，进深五间，总面积达1443.5平方米，是国内现存最大的两座佛教大殿之一。殿内佛坛上的五尊佛像非常高大，人称五方佛。佛坛两侧各塑10尊诸天（护法神）像，形神威武，前倾的身躯有如压倒之势，四壁还满布金碧辉煌的壁画。

下寺薄伽教藏殿，完整保存着3尊辽代塑像，造像体态各异，神情刻画细致入微，是我国古代雕塑艺术中的珍品。其中一尊合掌露齿菩萨像体态婀娜，婉丽动人，艺术价值最高。殿内四壁排列着重楼式雕金藏经阁 38 间，后壁中心悬砌着一座天宫楼阁。这些木构模型玲珑精巧，是国内现存唯一规模宏大的辽代壁画。

善化寺

善化寺俗称南寺，位于山西省大同市古城内小南街西，是我国现存辽、金代寺院中布局最完整的一座，为全国重点文物保护单位。

寺庙始建于唐开元年间，原名开元寺。五代后晋初，改名大普恩寺。辽保大二年（1122 年），寺庙大部分建筑毁于战火。金初，该寺上首圆满大师主持重修。元代仍名普恩寺，并颇具规模。元史记载，曾有 4 万僧人奉元世祖忽必烈之命在此寺集会，作佛事活动。明代又予修缮，明正统十年（1445 年）始更称今名善化寺。

善化寺占地面积约 2 万平方米，整个布局唐风犹存。主要建筑沿中轴线坐北朝南，渐次展开。前为山门，中为三圣殿，均为金时所建。辽代遗构大雄宝殿坐落在后部高台之上。其左右为东西朵殿。东侧为殊阁遗址，西侧为金贞元二年（1154 年）所建的普贤阁。寺院建筑高低错落，主次分明，是我国现存规模最大，布局最完整的辽、金寺院。

寺内还保存着泥塑、壁画和碑记等珍贵文物，其中金代泥塑造型优美，个性突出。特别是二十四天王像，它们有男，有女，有老，有少，有美，有丑，有文，有武；或是帝王装，或是臣子像，或坦膊赤足，披纱衣似来自天竺国土，或身着铠甲，衬皮毛以抵御北国

寒风，生活气息浓郁，极富感染力，堪称国之瑰宝。

佛光寺

佛光寺坐落在山西省忻州市五台县豆村镇的佛光新村，该寺的唐代建筑、雕塑、壁画和题记的历史价值和艺术价值都很高，被人们称为"四绝"。又因此寺历史悠久，寺内佛教文物珍贵，故有"亚洲佛光"之称。

据记载，佛光寺始建于北魏孝文帝时期（471～499年）。唐朝时，法兴禅师在寺内兴建了高达32米的弥勒大阁，僧徒众多。声名大振。唐武宗会昌五年（845年），大举灭佛。佛光寺因此被毁，仅一座祖师塔幸存。847年，唐宣宗李忱继位，佛教再兴，该寺得以重建。之后，宋、金、明、清均对佛光寺进行了修葺。1937年6月，我国当代著名建筑学家梁思成等人，对佛光寺进行了考察、测绘，肯定了其在我国佛教建筑史上的地位。

佛光寺建在半山坡上，寺因势而建，坐东朝西，东、南、北三面环山。寺内现有殿、堂、楼、阁等120余间。其中，寺内正殿即东大殿，建于唐朝大中十一年（857年），建筑时间仅次于唐建中三年（782年）落成的五台县南禅寺正殿，在全国现存的木结构建筑中居第二位。文殊殿在寺门内北侧，建于金天会十五年（1137年）。殿内佛坛上有7尊塑像，东西墙和北墙上，原有五百罗汉的彩绘，现仅存245尊。这些塑像和壁画，都在明代弘治年间（1488～1505年）重新装绘过。佛光寺东大殿南侧偏东，有一座六角形的初祖禅师塔，建于北魏时期，是唐代会昌五年灭法，佛光寺被毁时留下的唯一建筑物，也是全国仅存的北魏时期的两座古塔之一，更显珍贵。此外，寺庙还存有唐代石幡以及和尚塔等，历史价值甚高。

菩萨顶

菩萨顶又名真容院，大文殊寺，是五台山规模最大、最完整的喇嘛寺院，位于传说中文殊菩萨居住的灵鹫峰顶。由于它的建筑雄伟、金碧辉煌，远看好像西藏拉萨的布达拉宫，因此人们又把它叫做喇嘛宫。

菩萨顶始建于北魏孝文帝时期（471～499年）。因文殊菩萨曾在这里显露真容的传说，唐代由最初的大文殊院改名为真容院；南宋才改回原称叫大文殊寺；明朝永乐初年，始有菩萨顶的称谓。由于清代皇帝崇信喇嘛教，顺治十七年（1660年），遂将菩萨顶由青庙（和尚庙）改为黄庙（喇嘛庙），并从北京派去了主持喇嘛。从此，按照清王朝的规定，菩萨顶的主要殿宇铺上了表示尊贵的黄色琉璃瓦，山门前的牌楼也修成了四柱七楼的形式。这在五台山是绝无仅有的，在全国范围内也不多见。自此以后，菩萨顶成了清朝皇室的庙宇。

菩萨顶现在占地面积9160平方米，有殿堂僧舍等大小房屋100余间，均为清朝康熙年间的建筑。顺山就势而筑的殿宇布局严谨，全寺建筑大体上可以分为前院、中院、后院3个部分。中轴线上的主要建筑有山门、天王殿、大雄宝殿、文殊殿等。两旁对称地排列着钟楼、鼓楼、禅院等。寺院中的九龙吸水石雕、康熙御笔"五台圣境"石坊、分别刻有汉、藏、蒙、满4种文字的汉白玉碑以及众

多清朝皇帝的题匾赠礼等，都显示了菩萨顶的超凡地位。

菩萨顶各主要大殿的布置和雕塑，都具有浓烈的喇嘛教色彩。面阔七间的大雄宝殿内，后部供着毗卢佛、阿弥陀佛和药师佛，前面则供着喇嘛教黄教创始人宗喀巴像。文殊殿内的文殊像，与一般佛教寺庙（青庙）内的文殊菩萨像不同，它是按喇嘛教的经典规定制作的；头取旁观势，腰取扭动势，发取散披式，同时身挂璎珞，显得活泼、生动。两侧墙壁上，还挂着唐卡。另外，大雄宝殿、文殊殿的柱头上还挂着桃形小匾，上写梵文咒语。这些都是喇嘛教寺庙建筑装饰中所独有的。

悬空寺

悬空寺又名玄空寺，建在恒山天险金龙峡口的悬崖峭壁上，大有凌空欲飞之势，被誉为恒山第一奇观。悬空寺是国内现存的唯一的佛、道、儒三教合一的独特寺庙。

悬空寺创建于北魏后期（大约 471～523 年），已经经历了1400多个年头。现存建筑主要是明、清两代修建的。据说以前这里是南去五台、北往大同的交通要道，悬空寺建在这里，可以方便来往的信徒进香。其次，浑河河水从寺前山脚下流过。常常暴雨成灾，河水泛滥。人们以为有金龙作祟，便想到建寺院来镇压。于是就在这百丈悬崖上悬空修建了寺院。

悬空寺面对恒山、背倚翠屏、上载危岩、下临深谷、楼阁悬空、结构巧奇。悬空寺现存殿宇、楼阁40余间，有朝殿、会仙府、碧霞宫、纯阳宫、楼台亭、寝宫、梳妆楼、御碑亭等，分布于山腰、崖边、坡道上。由于寺庙距谷底 26 米，寺庙最高处离地面约 50 米，整个寺庙如挂在悬崖绝壁之上。南北有三檐歇山顶建筑，危楼耸起，对峙而立，从低到高附于绝壁之上。楼阁和殿宇之间都是由悬空栈道相连，迂回曲折。

悬空寺由北魏的了然和尚创建，后来发展成为佛、道、儒三教共处的寺庙群。寺内有铜铸、铁铸、石刻、泥塑的佛像和道教、儒教造像 78 尊。三圣殿内的泥塑具有唐、明两代风韵，释迦、韦驮、天女、阿难形体丰满，神态动人。寺庙最高处的三教殿内，释迦、老子、孔子塑像共居一室，耐人寻味。寺旁的恒山水库景色秀丽，每遇溢洪开闸，涛声大作，气势磅礴。

远望悬空寺，像一幅玲珑剔透的浮雕，镶嵌在万仞峭壁间，近看悬空寺，大有凌空欲飞之势。登临悬空寺，攀悬梯，跨飞栈，穿石窟，钻天窗，走屋脊，步曲廊，几经周折，忽上忽下，左右回旋，仰视一线青天，俯首而视，峡水长流，叮咚成曲，如置身于九天宫阙，犹如腾云驾梦。

白马寺

白马寺坐落在河南省洛阳市东 12 千米处，是佛教传入我国后由官方营造的第一座寺院，被誉为"我国第一古刹"，在我国佛教史和对外文化交流史上占有极其重要的地位。这座 2000 多年前建造在邙（máng）山、洛水之间的寺院，以它那巍峨的殿阁和商峭的宝塔，吸引着一批又一批的游人。

白马寺初创于东汉永平十一年（68 年）。相传汉明帝刘庄夜梦

金神，飞绕殿庭。次日得知梦为佛，于是派遣使臣前往西域拜求佛法，使臣在月氏（今阿富汗一带），遇上了天竺（古印度）高僧迦什摩腾、竺法兰，于是邀请众僧到我国宣讲佛法。并用白马驮载佛经、佛像，于永平十年（公元67年）来到京城洛阳。汉明帝敕令仿天竺式样修建寺院。为铭记白马驮经之功，遂将寺院取名"白马寺"。从此，我国僧院便泛称为寺，白马寺也因此被认为是我国佛教的发源地。历代高僧甚至外国名僧亦来此览经求法，所以白马寺又被尊为"祖庭"和"释源"。

白马寺坐北朝南，现有面积约4万平方米，分布在南北中轴线上的主要建筑有天王殿、大佛殿、大雄殿、接引殿、清凉台和毗卢阁等。在寺山门内大院东西两侧各有一座坟冢，这就是有名的"二僧墓"，主人为来汉传经授法的高僧——迦什摩腾和竺法兰。寺内的齐云塔前身为白马寺的释迦如来舍利塔，现在的塔重建于金大定十五年（1175年），为洛阳现存最早的古建筑。

寺内造像以大雄殿内所存的元代干漆造像三世佛、二天将十八罗汉最珍贵。此外，值得一看的还有元、明、清各代的泥塑像，唐、宋、元、明各代的经幢碑刻以及大佛殿内以"白马寺钟声"闻名的大钟等。游览白马寺，不但可以瞻仰那些宏伟、庄严的殿阁和生动传神的佛像，而且可以领略几处包含有生动历史故事的景物。

少林寺

天下第一名刹少林寺，位于河南省登封市，由于其坐落嵩山的腹地少室山下的茂密丛林中，所以取名"少林寺"。它是闻名中外的少林武术的发源地，也是我国佛教的禅宗祖庭。

北魏太和十九年（495年），孝文帝为安顿印度高僧拔陀而依山敕建少林寺。释迦牟尼大弟子摩诃迦叶的第28代佛徒达摩渡海至广州，经南京北渡长江来到嵩山少林寺。他广集信徒传禅宗，被佛教界尊奉为我国禅宗的祖初，少林寺也被奉为我国佛教的禅宗祖庭。

少林寺以禅宗和武术并称于世。隋唐时期，已负盛名；宋代，少林武术已自成体系，风格独绝，史称"少林派"，成为我国武术派别中的佼佼者。元明时期，少林寺已拥有僧众2000余人，成为驰名中外的大佛寺；清代中期以后，少林寺逐渐衰落；直至近代，又成为游人热衷到访的古刹胜迹。

现存的少林寺占地3万平方米，主要建筑有山门、千佛殿、方丈室、达摩亭、白衣殿、地藏殿、天王殿、大雄宝殿、初祖庵、达摩洞、二祖庵。此外还有附近的唐代法如塔、同光塔，五代时的法华塔、元代的缘公塔等等。寺内留存下来的文物相当丰富，如：自北齐以后的历代石刻400余块；唐至清代的砖石墓塔250余座；北宋的初祖庵大殿；明代的五百罗汉巨彩幅色壁画；清代的少林拳谱和"十三棍僧救唐乏"等彩色壁画等等，都具有较高的历史和艺术价值。

大雁塔

大雁塔位于陕西省西安市大慈恩寺院内。建于唐高宗永徽三年（652年），是玄奘法师为保存从印度带回来的657部梵文经和佛像而建造的藏经塔。大雁塔是西安市的标志性建筑和著名古迹，是古

古寺名刹篇

城西安的象征。

大雁塔始建于唐高宗永徽三年（652 年）。玄奘法师为供奉从印度带回的佛像、舍利和梵文经典，在慈恩寺的西塔院建起一座 5 层砖塔，高 60 米，是仿照西域佛塔形式建的。后经多次修葺，至今塔高 64 米，共 7 层，底边各长 25 米。

大雁塔本名慈恩寺塔，后改名为大雁塔。传说慈恩寺的和尚都吃三净食（即雁、鹿、犊 3 种肉）。某年和尚们久未吃到这 3 种肉，一僧见空中飞来一群大雁，笑曰："今日众僧无以充饥，若菩萨有灵，当叫我们吃上雁肉。"话音未落，一雁从空中跌落下来，投身死于僧前。众僧以为这雁是菩萨的化身，于是建塔葬雁，并定名为"雁塔"。至于雁塔之前冠以"大"字，则是后人为了区别于荐福寺塔（即小雁塔）之故。塔内有木梯至顶层。

大雁塔在唐代就是著名的游览胜地，因而留有大量文人雅士的题记，仅明、清朝时期的题名碑就有两百余处。

大雁塔塔身用青砖砌成，每层四面都有券砌拱门。这种楼阁式砖塔造型简洁，气势雄伟，有显著的民族特色和时代风格。在当时没有起重机，全靠脚手架搭起来，这是极不容易的。大雁塔的底层南门两侧，镶嵌两块石碑，一块"大唐三藏圣教序"，是唐太宗在贞观二十二年（648 年）为玄奘所泽诸经作的总序；另一块"大唐三藏圣教序记"是唐高宗为"圣教序"所作的纪文。这两块碑都是唐代著名书法家褚遂良所书，碑侧有优美的阳刻蔓草花纹，碑额和碑座有造型生动的蟠螭及天人乐舞等浮雕，是研究唐代书法、绘画、雕刻艺术的重要文物。尤其塔的西石门楣上的线刻殿堂图，更是研究唐代建筑的珍贵资料。

大兴善寺

　　大兴善寺位于陕西省西安市城南的小寨兴善寺西街。此地是佛教密宗的发祥地，是我国与印度佛教文化交流的一个重要地方，大兴善寺与慈恩寺和荐福寺合称为长安翻译佛经的三大译场。印度高僧善无畏、金刚智、不空等人曾来此传授佛法，并翻译密宗经典500余部。

　　大兴善寺建于晋武帝泰始二年（226年），初名遵善寺。隋开皇二年（582年），文帝重建为国寺，取名大兴寺。清顺治五年（1648年）和康熙二十二年（1684年）曾先后大修。现寺内的殿宇，均为明清时的建筑。

　　过山门后，东、西两旁有钟楼及鼓楼。天王殿内居中的是弥勒佛，为宋代木刻，两侧站立着四大天王。过了天王殿，两旁是殿廊，正中是大殿，殿内供奉的是释迦牟尼佛和药师佛、阿弥陀佛，两侧有十八罗汉。殿后便是千手千眼旃（zhān）檀观音像。

　　后院的东西两边各有八间彩画禅堂，东禅堂的度母像，是用各色宝石做原料绘成的；西禅堂改作客厅，中间陈列着清代制造的古式乌木及楠木桌椅，壁间装在大镜框内的"开元三大士传略"，以及隋唐各代修葺寺院的碑记拓片，是研究该寺院历史的宝贵资料。后殿藏有唐代铅铸佛像及宋代造像，有大有小，各具风格。壁门挂的十八罗汉石刻拓像，刻绘有力，形态各异。

　　寺内还有一尊青铜制的地藏菩萨，是1985年由日本高野山真言宗空没大师同志会敬赠的。另有唐代转轮藏经殿遗址，殿基上有雕刻的青石龙头，可以看出唐代雕龙的形象与功力。

大兴善寺是我国佛教密宗的发源地，为密宗祖庭。唐开元八年（720 年），狮子国高僧不空来到我国，在大兴善寺大量译传密典，盛弘密教，传法灌顶，从而创立了我国佛教密宗，被尊为密宗开祖。当时日僧空海来唐求法，师事不空弟子惠果学成回国，于日本东大寺创立了日本佛教的东密，并创造了日本文字，号弘法大师。这一宗派至今鼎盛。因此，大兴善寺也是日本佛教密宗的祖庭。

历史上，大兴善寺也是我国佛经翻译的中心。隋文帝即位之初，下令在该寺聚集名僧和佛教学者，建立了隋代第一个国立泽经馆，进而成为当时佛经翻译的中心。其所译经论在门类方面弥补了两晋南北朝时期经多论少之不足，对丰富当时各派佛学思潮作出了贡献。隋末唐初，大兴善寺的译经事业一度受挫。唐贞观三年（629 年），唐太宗诏令以印度来华高僧波顿为译主，在该寺重开译场。

广仁寺

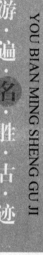
广仁寺位于陕西省西安市西北隅，是西安地区唯一一座藏传佛教寺院。作为西藏、青海、甘肃等地少数民族信仰藏传佛教的喇嘛、活佛、上层人士及僧侣进京的行宫，广仁寺地位极为重要。它是藏汉文化交流的见证。

为了加强民族团结，巩固多民族国家政权统一，康熙于葵未年（1703 年）到边疆、关中一带巡视时，御批在西北重镇西安创建广仁寺，于 1705 年建成。

进入广仁寺山门，只见中轴线上排列着大雄宝殿、藏经殿、法堂三重殿堂，两侧有配殿、厢房、跨院。全寺占地面积1万多平方米，布局错落有致，是一座具有汉族地区寺院建筑特色的藏传佛教寺庙。

大雄宝殿正中供奉着三尊佛像，正中是宝相庄严、精美绝伦的鎏金铜绿度母像，左侧是木髻天母像，右侧是木质巨光天母像，均为唐代文物。其他殿堂内还供奉有明代木质阿弥陀佛像、印度造释迦牟尼佛像、西藏造鎏金铜佛像等。在讲经堂前，有白色大理石莲花缸一个，直径1.4米，下有圆形石座，高1.5米。缸身遍布莲花绕枝图案，十分精美，是清乾隆时为西安崇圣寺所造，后来移到广仁寺。

广仁寺虽不像陕西其他诸多佛教祖庭及古迹那样历史悠久，但在清代却是蒙藏佛教界人士入京朝觐的必经之所，在加强中央政府与蒙藏地方政府间的联系、促进民族团结、维护国家统一方面起过积极作用，因此受到朝廷重视。现寺内还存有康熙皇帝颁赐的藏文和汉文藏经，康熙御碑一块和"慈云西荫"御书匾额。

广仁寺藏经甚丰。有明正统五年（1440年）刊刻、清康熙四十五年（1706年）又续刻刊印的《大藏经》一部。这部藏经为梵文本，纸质光洁、书体严整，卷首刻有精美的线刻佛画。《大藏金》每十卷为一函，共677函，6770卷。每函又按千字文标明序列，用黄色包袱包裹。寺内还珍藏一部北京版的藏文大藏经，为康熙三十九年（1700年）所赐，共107包，收入律、经、密咒3部分。该版藏经是清王室宫本，刻造及装帧精美，版型较一般藏文经大，每荚扉画均为手工绘制，笔触细腻，大多出自藏、蒙族名僧手笔，极为珍贵。

宏仁寺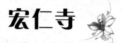

　　甘肃省张掖市西南隅的大佛寺，始称迦叶如来寺。康熙十七年（1678 年）改称宏仁寺。因寺内供奉释迦牟尼涅槃像，故又称卧佛寺。它是全我国现存唯一的西夏党项族佛教寺院，是当时陇西最著名的佛教寺院，鼎盛时期僧众最多时达 1 万多人。它还是丝绸之路上的一处重要的名胜古迹群，是历史文化各城张掖的标志性建筑。

　　该寺始建于西夏崇宗永安元年（1098 年），历时 5 年，到西夏贞观三年（1103 年）竣工，历经明、清两朝扩建，至今已有 900 多年历史。据明宣宗朱瞻基《敕赐宝觉寺碑记》称：西夏时，有位叫嵬咩的国师，一日静坐，听到附近有丝竹声音，掘地三四尺，得翠瓦金砖覆盖的碧玉卧佛一具，因而就地建起了这座坐东面西的佛殿。

　　除卧佛外，藏经殿内藏明正统九年（1445 年）英宗朱祁镇敕书颁赐给大佛寺的一部佛经，是明正统五年官版印制，经籍名目繁多，集佛教经典之大成，共计 350 种，685 函 3584 卷。该经不仅书法隽秀，刀工精美，而且图文并茂，装帧工艺高超，是不可多得的佛教艺术珍宝。其中有明正统初年镇守陕甘御马监兼尚宝监鲁安公贵集士用泥金书写的《大般若波罗蜜多经》、《华严经》、《胜王经》、《报恩经》和《大唐西域记》等，殊为珍贵，是全省现存最完整的经藏。

　　此外，1966 年在卧佛腹内发现了石碑、铜佛、铜镜、铜壶和佛经等，还有一块铅牌，记载了明成化年间在河西发生的一次地震，提供了河西地震史的新资料。1977 年在大佛寺附属建筑金塔殿下出土了5枚波斯银币，是古代中外贸易往来的见证。此外，该寺还有明宣宗《敕赐宝觉寺碑记》、明通政使穆来辅《重修宏仁寺碑记》等碑。

此寺原来规模宏大，是由牌楼、山门、大佛殿、万圣殿、藏经殿、配殿、僧舍和佛塔组成的完整建筑群，并有双眼井、木瓜树、金塔、六角亭鼎等景观。万石洪钟重1000多千克，声透九霄。殿宇巍峨壮观，古木参天，是一个清静去处。元、明时期，大佛寺的影响远及欧亚。意大利著名旅行家马可·波罗曾留居甘州游览名胜，在他的《马可·波罗游记》里，对大佛寺规模宏大的建筑、精美的卧佛塑像大加赞赏，推崇备至。古哈烈国沙哈鲁王使臣也曾游览大佛寺，在他的记载中说："雕刻功夫精致，故诸像皆与活人无异。"现存建筑有大佛殿、藏经殿和土塔三处。

大佛殿为全寺主体建筑，坐东面西，为两层楼结构，重檐歇山顶，高20.2米，宽48.3米，进深24.5米。面阔九间，进深七间，总面积1370平方米。四周木构廊庑。殿檐下额枋上雕有龙、虎、狮、象等，雕刻细腻，栩栩如生。正门两侧各嵌着用50块方砖拼成的浅浮雕两幅，每幅4.6米见方，刻工精细，富丽浑厚，是砖雕艺术的精品。佛坛的中央是释迦牟尼涅槃像，身长35米，肩宽7.5米，是我国现存最大的泥塑卧佛。佛像为木胎泥塑，中空，面部贴金，造像丰满端秀。大佛身后塑迦叶、阿汉等十大弟子，南北两侧塑十八罗汉，神态各异。大殿四壁和二层板壁上绘有壁画，总面积约530平方米，内容有佛、菩萨、弟子、诸天神将、佛经故事及《西游记》人物等。

大佛寺中轴线上末端建有一座土塔，原名弥陀千佛塔，为藏式塔，通高33.37米，由塔座、塔身和塔刹3部分组成。塔建于方形台基上，四周有两层木构塔廊。塔座之上有两层须弥座，其中一层

须弥座上有 8 座小塔。第二层座上是覆钵形塔身。塔身之上又一层须弥座，座四周各开 5 个小龛，龛内供佛像，座顶有相轮。1921 年因地震塔顶毁坏，1986 年修复。此塔风格独特，为我国罕见。

瞿昙寺

瞿昙寺位于青海省海东地区乐都县以南的瞿昙乡，建筑格局为官式宫殿型，有"小故宫"之称。寺内画廊布满巨幅壁画，总面积达 360 平方米。

据史书和碑志记载，这座规模宏大的汉式建筑风格的藏传佛教寺院，是在明王朝扶持藏传佛教以统治藏区的背景下修建的，明洪武年间（1368～1399 年）朱元璋为加强明王朝与青海地方上层首领之间的领属关系，特赐额为"瞿昙"，右下有"大明洪武二十六年立"字样。明朝洪熙、宣德两代曾先后扩建。

寺院依山傍水，占地 2.7 万平方米，由前、中、后三进院落组成，是典型的明代宫殿式建筑群，从山门起依次排列着金刚殿、瞿昙殿、宝光殿、隆国殿等主要殿宇。两侧陪衬着碑亭、壁画廊、钟鼓楼等建筑，其中隆国殿规模最大，面积为 912 平方米。

寺内的佛教传说壁画至今保护完好，形象生动逼真，非常珍贵。半敞式壁画廊从金刚殿两侧起，分大小钟楼和大小鼓楼，直达隆国殿两侧。画廊共有 50 多间，其中 28 间布满了巨幅彩色壁画，总面积在 360 平方米以上。

在隆国殿、宝光殿、大钟楼和大鼓楼内的石须弥座、景物座的雕刻也极为精致，其中以两米多高的象鼓石座（俗称象背鼓）最为突出。此外，明宣德年间铸造的铜钟也是十分珍贵的艺术品。

寒山寺

寒山寺坐落于江苏省苏州市西郊的枫桥古镇，是以唐朝诗人张继诗作《枫桥夜泊》而闻名中外的寺庙，在历史上曾是我国十大名寺之一。

寒山寺始建于梁天监年间，最初名妙利普明塔院。相传唐贞观年间，高僧寒山、拾得曾在此住持，于是改名寒山寺。多年来历经重建、拆毁。清咸丰十年（1860年）全寺再次毁于战火，现存建筑均为清末重建。

寺内古刹甚多，现存主要建筑和古迹有大雄宝殿、庑殿、藏经楼、碑廊、钟楼、枫江楼等。还有在大殿右面偏殿内的寒山、拾得塑像。寒山寺碑廊陈列着《枫桥夜泊》诗碑，还有岳飞、唐寅、陆游、康有为等人的诗文碑刻，以及罗聘、郑文焯（chāo）所作寒山、拾得画像石刻等。

游览寒山寺还要留意张继诗中提到的大钟。可惜唐代古钟早已失传，明代嘉靖年间重铸巨钟也流入日本。现存寺内的两口大钟，一口为日本明治三十八年（1906年）募铸的青铜奶头钟；另一口为清光绪三十年（1904年），江苏巡抚陈夔龙铸的巨钟。寒山寺从1979年开始了"除夕夜寒山寺听钟声"活动，伴随人们度过除夕夜。

金山寺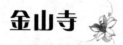

　　金山寺位于江苏省镇江市西北的金山上。民间神话《白蛇传》中白娘子水淹金山的故事使金山寺的名字无人不晓。

　　金山寺创建于东晋，原名泽心寺，元代以后称金山寺。清康熙帝南巡时，赐名江天禅寺，但世人仍称金山寺。金山寺是中国佛教诵经设斋、礼佛拜忏和追荐亡灵的水陆法会的发源地。金山寺寺门朝西，依山而建殿宇栉比，亭台相连，遍山布满金碧辉煌的建筑，以致令人无法窥视山的原貌，因而有"金山寺裹山"之说。白蛇传神话中法海虽是个反面人物，但真正的法海是一位德高望重的高僧，金山寺由他重建。相传唐朝时法海和尚开山得金，报予皇帝，得赐建寺，始有金山寺的俗称。金山寺历代住僧颇众，临济宗、曹洞宗、云门宗等大德曾驻锡于此。

　　金山寺院依山势而造，现存天王殿、大雄宝殿、藏经楼、念佛堂等，并由回廊、回檐、石级相连，形成"楼上有楼、楼外有阁、阁中有亭"的精巧建筑。七峰顶、妙高台、楞伽台位处山腰；留玉阁、大小观音阁围绕山顶；慈寿塔、江天一览亭矗立山巅。金山寺还保存有不少珍贵文物，其中有周代铜鼎，诸葛亮战鼓、文征明《金山图》、苏东坡玉带的"金山四宝"。据记载，清乾隆时曾建有文宗阁，收藏巨编《四库全书》，可惜后来毁于战火。寺内还有枝繁叶茂的菩提树，有1300多年历史的桑树。

　　金山寺西500米处有中冷泉，被唐代刘伯绉评为天下第一，石栏的南壁上刻着清末状元、镇江知府王仁堪写的"天下第一泉"五字。

灵隐寺

灵隐寺位于杭州市西湖飞来峰前，整座寺宇隐居在西湖群峰密林清泉之中，深得"隐"字的意趣。

灵隐寺创建于东晋咸和元年（326 年），当时印度僧人慧理来到杭州，看到这里山峰奇秀，认为是"仙灵所隐"之地，所以就地建寺，取名"灵隐"。清康熙南巡时，看到整座寺庙笼罩在绿荫之中，赐名"云林禅寺"。北宋时，灵隐寺被列为禅院五山之首。现在的灵隐寺是在清末重建基础上陆续修复的。

全寺建筑依次为天王殿、大雄宝殿和药师殿。天王殿正中面朝山门的佛龛供奉弥勒佛像；背对山门的佛龛供奉的是佛教护法神韦驮雕像，以香樟木雕造成，是南宋留存至今的珍贵文物。天王殿两侧是四大天王塑像。寺内尤以大雄宝殿建筑最为宏伟，殿内高 24.8 米的释迦牟尼佛像，用 24 块香樟木拼雕而成，满身贴金。后壁为《五十三参》彩绘群塑，共有姿态各异的大小佛教塑像 150 尊，表现的是佛经中散财童子历经磨难参拜 53 位名师，终于得证佛果的故事。药师殿为近年重建的，药师佛的左胁侍为日光菩萨，右胁侍为月光菩萨，合称"东方三圣"或"药师三尊"。

灵隐寺珍藏的佛教文物有古代贝叶经、东魏镏金佛像、明董其昌写本《金刚经》等。

古寺名刹篇

南普陀寺

　　福建省厦门市东南面有五座山峰，像五位沧桑的老人翘首遥望大海，因此得名"五老峰"。南普陀寺就位于五老峰麓，自古有"千年古刹"之称，是闽南的佛教圣地。

　　南普陀寺建于唐朝末年，当时称泗洲寺。宋治平年间（1064～1067年）改名为普照寺。明朝初年，寺院荒芜。直到清朝康熙年间（1662～1722年）才得到重建。从此香火兴盛，成为规模宏大的闽南名刹。每年农历二月十九、六月十九和九月十九观音诞的时候，寺内均会举行盛大活动，众多善男信女前来进香拜佛。

　　南普陀寺的藏经阁藏有不少珍贵文物，楼下法堂悬挂着4幅古代虞旁的真迹墨宝，是书法艺术珍品。楼上收藏着上万册佛经和大量文物珍品，其中以28尊玉佛最珍贵。它们是用缅甸玉石雕琢而成，精美绝伦。还有一座白瓷观音，是由明代瓷雕名家何朝宗塑造，他一生只雕成18尊观音像，南普陀寺收藏的就是其中之一。

　　阁内所藏佛经有影印的宋代《碛砂大藏经》、日本的大正新修《大藏经》13520卷、日译明版仿宋木刻大藏经和明代崇祯年间比丘、性旭等人用自己鲜血抄写的《妙法莲花经》。此外，还有元朝时期的七佛宝塔、宋代的古钟、香炉、明代铜铸八首二十四臂观音、近代木雕"五儿戏弥勒"、"杨木如意"等，都有较高的文物和艺术价值。

　　南普陀寺规模宏伟，中轴线上主要建筑有天王殿、大雄宝殿、大悲殿、藏经阁等，两旁有钟鼓楼、禅堂、客堂、库房，另有闽南佛学院和佛教养正院，寺前有放生池，寺后近年新建太虚大师纪念塔。

山门前是放生池，池前宽阔的草地，曾是民族英雄郑成功的练兵场。山门上悬挂着"南普陀"3个鎏金大字。

天王殿内，四大天王塑像分列两侧，弥勒佛正中盘坐。背后是手持降魔杵的护法韦驮像，十分威武。殿后是全寺最宏伟的大雄宝殿，绿瓦石柱，屋上铺上琉璃瓦，殿顶绘有九鲤化龙、麒麟奔走、龙凤呈祥等磁画。殿内供奉三世佛及千手千眼观音像，壁上有"禅河沐浴"、"六年苦行"等释迦牟尼诞生及修行的壁画。

大雄宝殿之后是寺内最有特色的建筑——大悲殿。大悲殿是一座八角亭式建筑，顶部三重飞檐，由下向上逐层向内收缩，每层檐顶都是八角形，角上雕着龙尾。殿内供奉四尊观世音菩萨，正中是一尊双臂观音，其余三尊为四十八臂观音，手上各雕一只小眼，持多种神器。

肉身殿

肉身殿坐落在安徽省九华山街西神光岭头，因为安葬了九华山祖师金地藏的肉身，所以成为朝山香客和游人必到之地。

九华山被尊为地藏菩萨的道场，与九华山的佛教祖师金乔觉有很大关系。唐贞元十年（794年），99岁的金乔觉跏趺（jiā fū）圆寂，众徒将他的肉身殓于缸中，3年后，肉身仍然"颜色如生，兜罗手软，罗节有声，如撼金锁"。这跟佛经描述的地藏菩萨相同，佛徒因此认定他即地藏菩萨显世。于是建造石塔，将肉身供于石塔中，

尊为"金地藏",又称肉身宝殿。

肉身殿是典型的宫殿式建筑。殿宇高 15 米,入殿前须登 81 级台阶。至殿前,四周回廊上方雕栋画梁,立有石柱 20 根,中央为 1.8 米高的汉白玉塔基,每层 8 面均有佛龛,每龛均供奉金地藏坐像,共 56 尊,塑造于清光绪十二年(1886 年)。木塔内是地藏肉身殿塔。木塔东西两面分塑十殿阎罗参拜地藏立像。塔前悬着镂空八角琉璃灯,不分昼夜,终年灯火长明。

佛经记载,农历七月三十日(小月二十九日)为地藏菩萨圣诞日,传说也为金地藏成道日。九华山僧侣会在肉身殿举行"地藏法会",诵《地藏菩萨本愿经》,守地藏肉身塔。

报国寺

峨眉山是我国佛教四大名山之一,报国寺则是峨眉山最大的寺庙。1983 年,它连同万年寺、洪椿坪、洗象池、金顶,一同被国务院确定为汉族地区佛教全国重点寺院。

报国寺为明万历四十三年(1615 年)明光道人主建,原址与伏虎寺隔溪相对。清顺治年间,闻达和尚重建,迁到大光明山麓,即今址。康熙四十二年(1703)始改今名。现寺门匾额"报国寺"3 字,为康熙皇帝御题,大臣王藩手书。

报国寺结构雄浑大方,入山门依次是弥勒殿、大雄宝殿、七佛殿和藏经楼。第一殿为弥勒殿,内供一尊 2 米高,喜笑颜开、袒胸露腹的弥勒像。第二殿为大雄宝殿,供有释迦牟尼佛,两旁列十八罗汉。

大雄宝殿左面是新设的文物陈列室，陈列着历代名书画，包括赵孟頫、徐悲鸿、齐白石等大家之作。在大雄宝殿后面的天井里，有明代铸造的紫铜华严塔。塔高 6 米，分 14 层，上铸有 4762 尊佛像和《华严经》全部经文。这是四川省现存的最大铜塔，被列为四川省重点文物保护单位。

第三殿为七佛殿。殿中并坐七佛，中间一尊为释迦牟尼佛，其余六尊为过去佛，从右至左依次为：拘留孙佛、拘那含牟尼佛、迦叶佛、毗舍佛、尸弃佛、毗婆尸佛。这七尊佛由清光绪年间隆德法师所塑，采用了"脱纱塑造"的技术：先塑好坯模，然后在坯模上面涂上漆，再用麻布、绸料一层层敷上，待干后脱去坯模，最后彩绘。这反映了我国古代塑造艺术的精湛。七佛皆盘腿坐莲台，体态匀称，庄严肃穆，乍一看似乎形态都一样，细细审视，则表情各异。

万年寺

万年寺是峨眉山历史最悠久、规模最宏伟的寺院，曾多次被毁并重修。殿内有宋代铸造的普贤菩萨骑六牙白象铜铸像一尊，成为文殊道场峨眉山的标志，堪称稀世国宝。

万年寺是峨眉山的八大寺庙之一，创建于晋朝，为慧持大师所建，当时称为普贤寺。唐时改名白水寺；宋时易名为普贤寺；明万历帝因赐无梁砖殿"万寿万年寺"之额而改名为万年寺。现时的万年寺是 1954 年修复的。

万年寺尚有 3 件珍宝。第一件是梵文贝叶经。贝叶经是指将佛经刻在古印度贝多罗树叶上保存下来的佛经。万年寺的贝叶经已有

2000 多年的历史，是明朝高僧别传法师从缅甸请回。

第二件是迦叶佛牙，是南宋初年，有一位法师到锡兰（今斯里兰卡）参学时，获锡兰国君赐予的。另一件珍宝是明朝万历皇帝赐的御印。据史书记载，明万历二十八年（1600 年），神宗皇帝之母慈圣太后前来峨眉山还愿，并捐助修建普贤砖殿，神宗赐寺名"圣寿万年寺"，故赐此印。

无梁砖殿和普贤骑象铜像，是万年寺最具特色的建筑和塑像。砖殿除大门以木制外，并无梁柱栋方，故又称无梁殿。殿内正中，是铜铸普贤骑象像。象色白、腹空，四体有力，古朴雄浑。象背普贤坐莲台，体态丰润，衣纹线条流畅，手执如意，表情肃穆。此铜像铸于北宋时期，距今已千年有余，为全国重点文物。

噶丹松赞林寺

噶丹松赞林寺本名甘丹松赞林，汉语称为"归化寺"。它位于云南省香格里拉县城以北 5 千米处，是拉萨三大寺的属寺，也是康巴地区黄教著名的 13 寺院之一。

五世达赖执政时期，康巴地区自然灾害多，民不聊生。他占卜问卦，决定在康巴地区建"十三林"，派高僧白·阿旺郎杰赴中甸（今香格里拉）创建此寺。寺庙兴建于 1681 年，两年后完工，五世达赖赐名甘丹松赞林寺。"甘丹"为黄教始祖宗喀巴首创的寺名，列拉萨三大寺之首。清雍正年间，当地实行"改土归流"时改名为"归化寺"。

每年农历二月二十九，寺内举行藏族格冬节，是最为隆重的宗教节目，主要活动为"跳神"，即面具舞，气氛神秘而热烈。

　　大寺坐北向南，为5层藏式雕楼建筑。扎僧、吉康两大寺建于最高点，居全寺中央。主殿上层镀金铜瓦，金光闪闪，灿烂夺目，殿宇屋角兽吻飞檐，又具汉式寺庙建筑风格，下层大殿有108根大柱，代表佛家吉祥数，大殿可容1600人趺坐念经。左右墙壁为藏经"万卷橱"，正殿前座供奉有五世达赖铜像，其后排列着著名高僧的遗体灵塔，内藏金银和名贵珠宝。后殿供有宗喀巴、弥勒佛、七世达赖铜像。中层有拉康八间，分别为诸神殿、护法殿、堪布室、静室、膳室等。内壁回廊雕饰精美，壁画琳琅满目。

　　寺内历代珍品众多，有五世达赖和七世达赖时期的八尊包金释迦佛像、贝叶经、五彩金汁精绘唐卡、黄金灯等等。全寺收藏有《甘珠尔》10部，其中两部为金汁手书。此外，还有各种精美的鎏金或银质香炉、万年灯等。

布达拉宫

　　位于拉萨红山顶上的布达拉宫，是西藏的象征。这座世界上海拔最高的宫堡式建筑，曾是西藏政治、经济、宗教活动中心，现时仍珍藏着大量珍贵文物，是世界屋脊上的艺术宝库。

　　布达拉是"普陀罗"的译音，意即菩萨住的宫殿。相传7世纪，藏王松赞干布为迎娶文成公主而建成此宫，后毁于8世纪。到了17世纪，五世达赖受清朝册封后，用了3年时间重建。1959年前，布达拉宫是历代达赖喇嘛生活起居和从事政治活动的场所，现时则是藏民来祈福、旅客来游览之地。

布达拉宫建筑面积达 9 万平方米，最高点海拔 3767 米，是世上最高的古建筑群。布达拉宫为木石结构，庙宇基石深入到山石之中，仿如自山石中自然生长一样，主楼高 117 米，共 13 层，分为白宫和红宫，红宫居中，白宫横贯东西两翼。

红宫是举行宗教仪式之地，主要参观点为灵塔殿、法王洞和大量珍贵文物。灵塔殿由 8 座达赖喇嘛的灵塔殿和各类佛堂组成，灵塔均以金皮包裹，上嵌珠玉珍宝，其中以五世达赖喇嘛的灵塔最为华丽。此塔是宫中最早最大的金塔，始建于 1690 年，内葬有五世达赖的肉身。灵塔共用纯金 11 万两包裹，镶有金刚钻石、红绿宝石、翠玉、珍珠、玛瑙等奇珍异宝 1.5 万多颗。

可与五世达赖灵塔媲美的，是十三世达赖的灵塔。塔身遍缀珠宝玉石。殿内的壁画绘有十三世达赖一生的主要活动，包括 1908 年赴京朝见慈禧太后和光绪皇帝的情况。

萨松朗杰是红宫最高宫殿，殿内供奉着七世达赖请来的康熙皇帝长生禄位，上面为藏、汉、满、蒙 4 种文字书写的"当今皇帝万岁万万岁"9 个金字。殿内藏有乾隆后期刻印的 100 多函满文《甘珠尔》经，极为罕见。

法王洞位于红宫的第二层，供奉着松赞干布、文成公主等的塑像。相传这些都是 7 世纪遗留下来的文物，十分珍贵。

白宫是历代达赖生活起居和进行重大宗教、政治活动的地方，由日光殿、东大殿、坛城殿等殿堂组成。日光殿位于白宫的最高处，因终日阳光普照而得名。殿内设经堂、习经室、客厅、卧室等，还存放着历代达赖用过的金银器皿。日光殿外有一座 1600 平方米的平台，称德阳厦，是专供达赖娱乐的场所。在这里还可以俯瞰拉萨全景。

东大殿是白宫内最大的宫殿，建于 17 世纪中叶，是进行重大政

治、宗教活动的场所。殿门上悬挂着清政府所赐"振锡绥疆"匾额，历代达赖喇嘛在这里举行坐床、亲政大典等仪式。

布达拉宫保存了极为丰富的历史文物和西藏佛教艺术，其中仅西大殿二楼画廊便有壁画698幅，均出自西藏门当、青孜两大著名画派的画师之手。宫内还珍藏了大量唐卡画、精美的法器以及300多函世所罕见的贝叶经。此外，元世祖忽必烈所赠的释迦牟尼舍利子、明清两朝封赐达赖的金册、金印、玉印、诰命等也珍藏于宫内。

大昭寺

大昭寺是西藏首座佛寺，也是西藏现存最辉煌的吐蕃时期建筑。它始建于647年，历时4年始大功告成。由于五世达赖选定此处作为每年举行传昭大会的地点，因而得名。寺庙历经多次整修、增扩后，形成现时占地25100余平方米的规模。

7世纪时，藏王松赞干布先后迎娶尼泊尔尺尊公主和唐朝文成公主为妻。她俩同时带来了释迦牟尼佛像，松赞干布便建了两座佛寺，以供奉两尊佛像。最初，赤尊公主带来的释迦牟尼不动金刚佛像供奉在大昭寺；而文成公主带来的释迦12岁时等身佛像供奉在小昭寺。710年，金城公主将文成公主带来的佛像移至大昭寺的密室，从此大昭寺就一直供奉着这尊释迦牟尼12岁时等身佛像。

大昭寺共有20多个殿堂，高四层，殿顶铺以金黄色的琉璃瓦，顶层平台上有4个对称的金顶，寺门上方装饰着两对捧着佛轮的神羊。寺庙的正门向西，底层为门厅，有四大天王壁画和塑像，二层为"三界殿"，上下拉丈分列在寺门两侧。进入正门是1100平方米

的方形千佛廊院。院子四周环柱廊，廊内墙壁绘满千佛故事的壁画（1684 年绘制），该院是传召活动的主要场所。

北院是大昭寺的主体部分，以觉康主殿为中心。南院主要为传召法会服务，由传召机构、辩经台、灶房、仓库等组成。觉康主殿高四层，有殿堂数十间，主殿在结构上采汉族建筑形式，一二层梁柱间、门框上，饰满了浮雕与彩绘，如弥勒佛殿门楣上的"观音拂水"等，风格古拙，体现了唐代雕刻绘画艺术的风格。金顶、宝瓶、法轮和檐角吊挂的一块块写着藏文的小经板，造型和鎏金工艺水平极高。主殿内廊的初檐与重檐之间，饰有一排排伏兽和 108 尊人面狮身像，这在我国古建筑中极为罕见。

大昭寺的主殿供奉着两座释迦牟尼像。在释迦牟尼 12 岁等身像前，站立着四力士像，据说是当年运送释迦牟尼塑像随文成公主进藏的 4 位壮士像。主殿二层，供奉着松赞干布、文成公主和尺尊公主的塑像。松赞干布左手上套着一枚小小的玉石戒指，传说为文成公主送给他的定情信物。

大昭寺门口是《唐蕃舅甥会盟碑》。此碑高 3.42 米，宽 0.82 米，厚 0.35 米，是汉藏两族友好关系史上重要的历史文物。此碑又称《唐蕃会盟碑》、《长庆和盟碑》，823 年所立。碑阳及两侧以汉、藏两种文字刻载着盟誓全文及唐蕃会盟使臣的姓名、职位。碑阴以藏文刻载着唐蕃友好关系史实，及长庆元年（821 年）在逻些（拉萨）两地盟誓的意义。藏人相传，抚摸碑身能逢凶化吉，所以碑身的下部被摸得光滑如镜，碑文无存。碑旁有一棵枯秃的古树，相传是文成公主亲手栽种的柳树，称为唐柳或公主柳。

敦煌莫高窟

作为国家级历史文化名城，敦煌距今已有2000多年的历史，它是丝绸之路河西道、羌中道（青海道）、西域南、北道交会处的大边关要塞。古往今来的诗词歌赋充分显示了它的重要性："劝君更尽一杯酒，西出阳关无故人"、"羌笛何须怨杨柳，春风不度玉门关"、"葡萄美酒夜光杯，欲饮琵琶马上催，醉卧沙场君莫笑，古来征战几人回？"处处隐含着一派金戈铁马的气息。如果甘肃只能去一个地方，那么一定是敦煌。

敦煌莫高窟是敦煌市境内的莫高窟、西千佛洞的总称。莫高窟位于市东南25千米的鸣沙山下的大泉河谷里，作为我国第一大石窟，它的俗称是千佛洞，始建于秦建元二年（366年），历经十六国、北朝、隋、唐、五代、西夏、元等历代的兴建，至今已有1600余年的历史。它是我国也是世界现存规模最宏大、保存最完整的佛教艺术宝库。现存洞窟735个，彩塑2415尊，壁画4.5万余平方米。

它是世界上现存规模最大、内容最丰富的佛教艺术圣地。近代发现的藏经洞内有5万多件古代文物，由此衍生专门研究藏经洞典籍和敦煌艺术的学科——敦煌学。

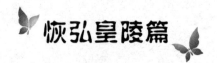

恢弘皇陵篇

黄帝陵

　　黄帝陵是中华民族始祖黄帝轩辕氏的陵墓，相传黄帝得道升天，故此陵墓为衣冠冢。黄帝陵古称桥陵，为我国历代帝王和著名人士祭祀黄帝的场所。自唐大历五年（770 年）建庙祀典以来，一直是历代王朝举行国家大祭的场所。黄帝陵位于陕西省黄陵县城北的桥山上，南距西安市 150 多千米，被称为"我国第一陵"。

　　黄帝陵地处桥山之巅。绿水潆绕，群山环抱，古树苍润，环境清幽。山下有路直通山顶陵前。黄帝陵陵冢高 3.6 米，周长 48 米。亭内立有郭沫若手书"黄帝陵"碑石。陵园区周围设置红墙围护，东南侧面为棂星门，两侧有仿制的汉代石阙。陵园区内地铺着砖，显得古朴典雅。陵前正南，陵园围墙以外是土筑高台——汉武仙台，即汉武帝祭祀黄帝所筑，台高 20 余米，现已用块石砌筑并建有登台石阶及云板，护栏等。黄帝庙前区气势恢宏，面积约 10000 平方米的入口广场的地面选用 5000 块大型河卵石铺砌，象征中华民族的五千年文明史。广场北端为轩辕桥，宽 8.6 米、长 66 米、高 6.15 米，全桥共 9 跨，石梁 121 根，桥面设护栏，栏板上均雕有古典图案花纹。全桥均采用花岗石料砌成，显得粗犷古朴。轩辕桥下及其左右水面为印池，占地约 300 余亩，蓄水量可达 46 万平方米。桥山古柏倒映池中，与白云蓝天交相辉映，为黄帝陵平添了无限灵气。印池四周绿树成荫，形成优美的空间环境。

轩辕桥北端为龙尾道，共设 95 级台阶，象征黄帝"九五至尊"至高无上的寓意。由龙尾道向上即登临庙院山门，山门为五间廊庑式花岗岩（仿汉代木）建筑。显得格外庄严雄伟。进入庙院山门，首先映入眼帘的是轩辕手植柏，相传为轩辕黄帝亲手所植。此柏高 19 米，树干下围 10 米，中围 6 米，上围 2 米，遒枝苍劲，柏叶青翠。再北为诚心亭，面阔五间，进深一间。祭祀官员至此须整饰衣冠，静心净面，方可进入大殿祭祀。再北为碑亭，面阔五间，进深一间，卷棚顶。亭内立有毛泽东手迹"祭黄帝陵文"和蒋介石手迹"黄帝陵"碑石。

侧有一高大古柏，即"汉武挂甲柏"，枝叶茂盛。轩辕庙正殿面阔七间，进深三间，歇山顶，门楣匾额"人文初祖"，系国民党元老程潜手迹。殿内正中木质壁龛内嵌浮雕轩辕黄帝石像。碑亭东为碑廊，其中有历代碑石 40 余通，如：有宋仁宗嘉祐六年（1061 年）奉旨栽植松柏 1413 棵记事碑、元泰定二年（1371 年）禁伐黄帝陵树木圣旨碑、明太祖洪武四年（1371 年）祭黄帝陵御制祝文碑、清圣祖康熙二十七年（1689 年）祭黄帝桥陵碑以及 1912 年孙中山宣誓就职中华民国临时大总统后派代表团带上他亲自撰写的《祭黄帝陵文》前往桥山致祭轩辕黄帝陵的碑石等。

每到清明时节，来自世界各地的炎黄子孙，常到这里拜祭。

秦始皇陵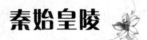

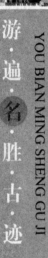

秦始皇陵位于陕西省临潼县城东约 5 千米处的骊山北麓，是全国重点文物保护单位。1987 年，联合国教科文组织将秦陵（含兵马俑）列入世界文化遗产保护名录。

秦始皇陵是我国历史上第一个皇帝陵园。其巨大的规模、丰富的陪葬物居历代帝王陵之首。它是我国劳动人民勤奋和聪明才智的结晶，是一座历史文化宝库，在所有封建帝王陵墓中以规模宏大、埋藏丰富而著称于世。

陵园按照秦始皇死后照样享受荣华富贵的原则，仿照秦国都城咸阳的布局建造，大体呈回字形，陵墓周围筑有内外两重城垣，陵园内城垣周长 3870 米，外城垣周长 6210 米，陵区内目前探明的大型地面建筑为寝殿、便殿、园寺吏舍等遗址。据史载，秦始皇陵陵区分陵园区和从葬区两部分。陵园占地近 8 平方千米，建外、内城两重，封土呈四方锥形。秦始皇陵的封土形成了三级阶梯，状呈覆斗，底部近似方型，底面积约 25 万平方米，高 115 米，但由于经历两千多年的风雨侵蚀和人为破坏，现封土底面积约为 12 万平方米，高度为 87 米。整座陵区总面积为 56.25 平方千米。

陵园的南部有一个土冢，高 43 米。筑有内外两道夯土城墙。内城周长 3890 米，外城周长 6249 米，分别象征皇城和宫城。在内城和外城之间，考古工作者发现了葬马坑、陶俑坑、珍禽异兽坑，以及陵外的人殉坑、马厩坑、刑徒坑和修陵人员的墓室。已发现的墓坑有 400 多座。

秦始皇陵的冢高 55.05 米，周长 2000 米。经调查发现，整个墓地占地面积为 22 万平方米，内有大规模的宫殿楼阁建筑。秦始皇陵的规模之大远非埃及金字塔所能比。

兵马俑坑是秦始皇陵的陪葬坑，位于陵园东侧 1500 米处。1974 年春被当地打井的农民发现。由此埋葬在地下 2000 多年的宝藏得以面世，被誉为"世界第八奇迹"。兵马俑坑现已发掘 3 座，俑坑坐西向东，呈"品"字形排列，坑内有陶俑、陶马 8000 多件，还有 4 万多件青铜兵器。

坑内的陶塑艺术作品是仿制的秦宿卫军。近万个或手执弓、箭、弩，或手持青铜戈、矛、戟，或负弩前驱，或御车策马的陶质卫士，分别组成了步、弩、车、骑 4 个兵种。在地下坑道中的所有卫士都是面向东方放置的。据钻探得知共有 3 个陪葬坑，其中一号坑最大，它东西长 230 米，南北宽 62 米，深 5 米左右，长廊和 11 条过洞组成了整个坑，与真人马大小相同、排成方阵的 6000 多个武士俑和拖战车的陶马被放置在坑中。在一号坑的东北约 20 米的地方是二号坑，它是另一个壮观的兵阵。南北宽 84 米，东西长 96 米的二号坑，面积 9216 平方米，建筑面积为 17016 平方米。二号坑内有多兵种联合阵容，包括步兵、车兵、骑兵和弩兵等。二号坑西边是三号坑，它南北宽 24.5 米，东西长 28.8 米，面积为 500 多平方米。三号坑经有关专家推断，被认为是用来统帅一、二号坑的军幕。一乘战车，68 个卫士俑以及武器都保存在坑内。

兵马俑的发现被誉为"世界第八大奇迹"，"二十世纪考古史上的伟大发现之一"。秦俑的写实手法作为我国雕塑史上的承前启后艺术为世界瞩目。

昭 陵

　　昭陵是唐朝第二代皇帝李世民的陵墓，是陕西关中"唐十八陵"中规模最大的一座，位于陕西省礼泉县城东北 22.5 千米的九嵕（zōng）山上。距西安市 70 千米，距咸阳市 30 千米。

　　昭陵陵园周长 60 千米，占地面积 200 平方千米，共有陪葬墓 180 余座，被誉为"天下名陵"，是世界最大的皇家陵园。从唐贞观十年（636 年）太宗文德皇后长孙氏首葬到开元二十九年（743 年），昭陵陵园建设持续了 107 年之久，地上地下遗存了大量的文物。它是初唐走向盛唐的实物见证，是了解、研究唐代乃至我国封建社会政治、经济、文化难得的文物宝库。

　　昭陵依九嵕山峰，凿山建陵，开创了唐代封建帝王依山为陵的先例。昭陵工程是由唐代著名工艺家、美术家阎立德、阎立本兄弟精心设计的。其平面布局既不同于秦汉以来的坐西向东，也不是南北朝时期"潜葬"之制，而是仿照唐长安城的建制设计的。昭陵的陵寝居于陵园的最北部，相当于长安的宫城，可比拟皇宫内宫。在地下是玄宫，在地面上围绕山顶堆成建为方型小城，城四周有四垣，四面各有一门。据史书记载，昭陵玄宫建筑在山腰南麓，穿凿而成。初建时驾设栈道，栈道长 400 米，即 230 步，文德皇后先葬于玄宫，而栈道并未拆除，就在栈道旁之上建造房舍，供宫人居住，像对待活人一样对待皇后，待太宗葬毕，方拆除栈道，使陵与外界隔绝。玄宫深 75 丈，石门五道，中间为正寝，是停放棺椁的地方，东西两厢排列着石床。床上放着许多石函，里面装着殉葬品。墓室到墓口的通道上，用 3000 块大石砌成，每块石头有两吨重，石与石之间相互铆（mǎo）住。陵墓的外面又建造了华丽的宫殿，苍松翠柏，巨槐长杨。在主峰地宫山的南面是内城正门朱雀门。朱雀门之内有献殿，是朝拜祭献用的地方，与门阙距离很近，整个遗址约 10 米见方，加门阙南面约 20 米见方的场地，仍然是一个狭小的遗址。在这里曾出土残鸱尾一件，经复原后高 1.5 米，宽 0.6 米，长 11 米，以此件的高度来推想，献殿的屋脊，其高应在 10 米以上，应该是重檐九间，才能合于比例。门阙之间约 5 米，恰在献殿正中。由此可推想这座殿堂是多么高大；所有这样的殿宇楼阁构成的建筑整体，又是多么宏伟。献殿南面过 20 米的场地，是横向的一条深沟，可证这里不可能有别的石刻，也不可能再有别的建筑物。

在主峰地宫山之北面，是内城的北门玄武门，设置有祭坛，紧依九嵕山北麓，南高北低，以五层台阶地组成，愈往北伸张愈宽，平而略呈梯形，在南三台地上有寝殿，东西庑房，阙楼及门庭，中间龙尾道通寝殿，是昭陵特有的建筑群。在司马门内列置了十四国君长的石刻像：突厥的颉利、突利二可汗、阿史那社尔、李思摩、吐蕃松赞干布、高昌、焉耆、于田诸王、薛延陀、吐谷浑的首领、新罗王金德真、林邑王范头黎、婆罗门帝那优帝阿那顺等。这些石像刻立于高宗初年，反映了贞观时期国内各民族大团结、唐对西域的开拓以及与邻邦关系的盛况。这些石像在早年已遭破坏，今可见者有七个题名像座，几躯残体和几件残头像块。

恢弘皇陵篇

乾 陵

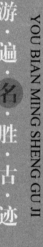

　　乾陵是我国乃至世界上独一无二的一座两朝帝王、一对夫妻皇帝合葬陵。乾陵里面埋葬着唐王朝第三位皇帝高宗李治和我国历史上唯一的女皇帝武则天，是全国重点文物保护单位。它建于公元684年，历时23年才修建完成。

　　陕西咸阳市乾县城北6千米的梁山，远望就像一位新浴之后的少妇披着长发，头北足南，仰面躺在蓝天白云之下，有"历代诸皇陵之冠"和"睡美人"之称。我国历史上唯一的女皇帝武则天与其夫唐高宗李治的合葬地——乾陵，就位于此。梁山是圆锥形石灰岩山体，共有三峰，北峰最高，海拔1047.9米，乾陵就在北峰之上。梁山南面两峰较低，东西对峙，中间为司马道，故而这两峰取名叫"乳峰"。

　　乾陵营建时，正值盛唐，国力充盈，陵园规模宏大，建筑雄伟富丽，堪称"历代诸皇陵之冠"。据史书记载，陵墓原有内外两重城墙，四个城门，还有献殿阙楼等许多宏伟的建筑物。勘探表明：内城总面积240万平方米。城墙四面，南有朱雀门，北有玄武门，东有青龙门，西有白虎门。从乾陵头道门踏上石阶路，计537级台阶，其台阶高差为81.68米。走完台阶即是一条平宽的道路直到"唐高宗陵墓"碑，这条道路便是"司马道"。两旁现有华表1对，翼马、鸵鸟各1对，石马5对，翁仲10对，石碑2道。东为无字碑，西为述圣记碑。有王宾像61尊，石狮1对，周围还有17座陪葬墓。"唐高宗陵墓"墓碑，高2米，是陕西巡府毕源为高宗所立，原碑已毁，现在这块碑是清乾隆年间重建的。此碑右前侧另一块墓碑，是郭沫若题写的"唐高宗李治与则天皇帝之墓"12个大字。

明十三陵

明十三陵坐落于天寿山麓，总面积120余平方千米，距北京约50千米。十三陵地处东、西、北三面环山的小盆地之中，陵区周围群山环抱，中部为平原，陵前有小河曲折蜿蜒，山明水秀，景色宜人。

明十三陵是明朝迁都北京后13位皇帝陵墓的皇家陵寝的总称，故称十三陵。景区已开放景点有长陵、定陵、昭陵、神路。明十三陵，既是一个统一的整体，各陵又自成一个独立的单位，陵墓规格大同小异。每座陵墓分别建于一座山前。陵与陵之间少至500米，多至8000米。

十三座皇陵均依山而筑，分别建在东、西、北三面的山麓上，形成了体系完整、规模宏大、气势磅礴的陵寝建筑群。明代术士认为，这里是"风水"胜境，绝佳"吉壤"。因此被明朝选为营建皇陵的"万年寿域"。该陵园建于1409～1644年，距今已有300～500年历史。陵区占地面积达40平方千米，是我国乃至世界现存规模最大、帝后陵寝最多的一处皇陵建筑群。明代时，于途中的沙河镇北，建有七孔石造"朝宗桥"。在镇东，则筑有壮丽的"巩华城"。该城原为嘉靖皇帝祭陵时中途休息的行宫，现仅存遗址。

明十三陵是我国历代帝王陵寝建筑中保存得比较好的一处。新中国国成立后，政府为了保护这一文物古迹，将十三陵作为全国重

点文物加以保护。

长　陵

长陵位于天寿山主峰南麓，是明朝第三位皇帝成祖文皇帝朱棣（年号永乐）和皇后徐氏的合葬陵寝。在十三陵中建筑规模最大，营建时间最早，地面建筑也保存得最为完好。它是十三陵中的祖陵，也是陵区内最主要的旅游景点之一。

长陵的陵宫建筑占地约12万平方米。其平面布局呈前方后圆形状。陵区南起石牌坊，北倚天寿山主峰。四面环山，绿树丛丛。南面又有龙虎两山左右对峙，势如门户。当中奔流不息的山水自西向东而去，好似天然的护陵河。南北贯通的高速路似一条巨龙连接着长陵至故宫。

定　陵

定陵是明代第十三帝神宗显皇帝朱翊钧（年号万历）的陵墓。这里还葬有他的两个皇后。该陵坐落在大峪山下，位于长陵西南方，建于1584～1590年。主要建筑有祾恩门、祾恩殿、宝城、明楼和地下宫殿等，占地182000平方米。它是十三陵中唯一一座被发掘了的陵墓。定陵地宫可供游人参观。

定陵地面建筑的总布局，呈前方后圆形，含有我国古代哲学观念"天圆地方"的象征意义。定陵的地面建筑共占18万平方米，前有宽阔院落三进，后有高大宝城一座。定陵正门前方是三卒汉白玉石桥。过了桥是高大的碑亭。亭周围有祠祭署、宰牲亭、定陵监等建筑物300多间。再往后就是陵园最外面的围墙—外罗城（围墙外的围墙）。

陵宫的总体布局也呈前方后圆之形。其外围是一道将宝城、宝城前方院一包在内的"外罗城"。罗城仅前部正当中轴线位置设宫门一座，即陵寝第一道门。其制，黄瓦、朱扉、设券门三道。

外罗城内，偏后部位为宝城。宝城之前，在外罗城内设有三进方形的院落。

第一进院落，前设单檐歇山顶式陵门一座，制如外罗城门，为陵寝第二道门，又称重门。其左右各设有随墙式掖门一道。院落之内无建筑设施，院落之前（外罗城之内）左侧建有神厨三间，右侧建有神库三间。

第二进院落，前墙之间设祾恩门。其制面阔五间，进深二间，下承一层须弥座式台基。台基之上龙凤望柱头式的石栏杆及大小螭首设置齐备。

第三进院落，前墙间建有陵园最主要的殿宇——祾恩殿。其形制为重檐顶，面阔七间，进深五间，下承须弥座式台基一层，围栏雕饰同祾恩门。台基前部出有月台。月台前设三出踏跺式台阶，左右各设一出。殿有后门，故台基的后面也设踏跺式台阶一出。其中，后面一出踏跺及月台前中间一出踏跺设有御路石雕。刻龙凤戏珠及海水江牙图案。祾恩殿左右各设随墙式掖门一座。院内沿中轴线设有两柱牌楼门一座、石几筵一套。

明孝陵

明孝陵是明代开国皇帝朱元璋和皇后马氏的合葬陵墓。坐落在南京市东郊紫金山南麓独龙阜玩珠峰下，茅山西侧，东毗中山陵，南临梅花山，是南京最大的帝王陵墓，也是我国古代最大的帝王陵寝之一。2003 年入选世界文化遗产。其周边的常遇春墓、仇成墓、

吴良墓、吴桢墓及李文忠墓等 5 座功臣墓也同时被划入世界遗产保护范围。

明孝陵建于明洪武十四年（1381 年），翌年马皇后去世，葬入此陵。因马皇后谥"孝慈"，故陵名称"孝陵"。洪武三十一年（1398 年），朱元璋病逝，启用地宫与马皇后合葬。至明永乐十一年（1413 年）建成"大明孝陵神功圣德碑"，整个孝陵建成，历时 30 余年。明孝陵也是我国现存古代最大的皇家陵寝之一，至今已有 600 多年历史。

明孝陵经历了 600 多年的沧桑，许多建筑物的木结构已不存在，但陵寝的格局仍保留了原恢弘的气派，地下墓宫完好如初。陵区内的主体建筑和石刻，方城、明楼、宝城、宝顶，包括下马坊、大金门、神功圣德碑、神道、石像路石刻等，都是明代建筑遗存，保持了陵墓原有建筑的真实性和空间布局的完整性。特别是明孝陵的"前朝后寝"和前后三进院落的陵寝制，反映的是礼制，但突出的是皇权和政治。明孝陵是现存建筑规模最大的古代帝王陵墓之一，其陵寝制度既继承了唐宋及之前帝陵"依山为陵"的制度，又通过改方坟为圜丘，开创了陵寝建筑"前方后圆"的基本格局。明孝陵作为我国明陵之首的明孝陵壮观宏伟，代表了明初建筑和石刻艺术的最高成就，直接影响了明清两代 500 多年帝王陵寝的形制，在我国帝陵发展史上有着特殊的地位。所以，明孝陵堪称明清皇家第一陵。这座已有 600 多年历史的明代皇家陵墓以其墓主显赫、规模宏大、形制独特、背依钟山环境优美而著称于世。依历史进程分布于北京、湖北、辽宁、河北等地的明清帝王陵寝，都是按南京明孝陵的规制和模式营建的。

清东陵

清东陵是清太祖努尔哈赤与孝慈高皇后叶赫纳喇氏的陵墓，位于沈阳旧城东北 10 千米处，也叫清福陵。

清福陵始建于后金天聪三年（1629 年），崇德元年（1636 年）大清建国，定陵号为"福陵"，是清朝命名的第一座皇陵，现存古建筑 32 座（组），竣工于清顺治八年（1651 年），经康熙、乾隆两帝增建，方具今日规模。古建筑以神道为中轴线对称分布，平面布局规整，层次分明，是一处融满汉民族特色于一体的皇陵建筑群。其保护区占地面积 54 万平方米，自然景观赏心悦目，周遍环境幽雅壮观，于 1929 年辟为公园对公众开放；2004 年 7 月 1 日，被列入《世界遗产名录》，成为世界文化遗产。

此陵面傍浑河，背依天柱山，是一块极佳的风水宝地，水绕山环，草深林密，景色十分秀美，时常能看见小松鼠跳跃其中。东陵传说占地九千亩，植松 3 万棵，现在已经只剩 1600 多棵，但身在树海之中仍可感受到肃穆与蓬勃的气势。晋谒此陵时，由正红门到碑楼，须登 108 级石台阶。东陵的红门有 3 个门洞，左为臣门，中为神门，右为君门，现在开放供游人出入的即为君门。进入红门，映入眼帘的是高陡的石阶和雄伟的陵殿，脚下的石道两旁由北向南依次排列着狮、虎、驼、马四组石象生，首尾还各有一组华表。对神道的设置，清朝陵墓制度有一项特殊规定，即神道与隆恩门之间必须修一座建筑做隔断，名曰"一眼望不断"，寓意大清江山万世一系，为此，有的清陵在神道上修龙凤门，沈阳昭陵修建神功至德碑。

福陵不仅建有神功圣德碑，而且根据地理条件还修有一百单八蹬，起到双重隔断作用，这是福陵区别于其他清陵之处。一百单八磴高陡磅礴，犹如瀑布在前奔腾，意为镇压"三十六天罡，七十二地煞"，保佑清福陵吉祥稳固。

登阶而上有碑亭一座，亭内矗立着将近 7 米的神功德碑，由一个鳌身龙首的神兽所伏，是用一整块岩石雕刻而成，正面是康熙帝亲书的墓主生平，背面是神奇的"神碑幻影"，看起来像一只狮虎立于崖边眺望，是由水迹形成的图案，原本只有在阴雨天才可看到，经过百年时间现已不再消失。再往前走是飨殿，后面便是彩壁，传说中的地宫入口。飨（xiǎng）殿左右两侧各有一座配殿，现在陈列着清朝历代皇帝和妃嫔的蜡像、陵墓简介及一些东陵出土的文物。

清西陵

西陵是清朝帝王两大陵寝之一，位于河北省易县城西 15 千米处的永宁山下，离北京 120 多千米，周界约 100 千米，面积达 800 余平方千米。

这里北依峰峦叠翠的永宁山，南傍蜿蜒流淌的易水河，古木参天，景态雄伟。雍正八年（1730 年）选此为陵址。雍正的陵址本来是选在清东陵九凤朝阳山，但他认为"规模虽大而形局未全，穴中之土又带砂石，实不可用"，因而将原址废掉，命另选"万年吉地"。后来，雍正皇帝认为易县永宁山下是个宝地。自此，清各代皇帝便间隔分葬于遵化和易县东、西两大陵墓。西陵自雍正八年（1730 年）首建泰陵，至公元 1915 年光绪的崇陵建成，历经 186 年，共建有帝陵 4 座，后陵 3 座，王公、公主、妃嫔园寝 7 座，埋葬着雍正、嘉庆、道光、光绪 4 个皇帝，9 个皇后，56 个妃嫔及王公、公主等共 80 人。建筑面积达 5 万多平方米，共有宫殿 1000 多间，石雕刻和石建筑 100 多座，构成了一个规模宏大、富丽堂皇的古建筑群。清西陵是全国重点文物保护单位，2000 年 11 月，清西陵与清东陵一起，被第 24 届世界遗产委员会列为世界文化遗产。

清西陵不仅是规模宏大、体系完整的古建筑群，还是一处环境幽雅、风景秀丽的游览胜地。在方圆 100 千米、面积 800 平方千米的陵区内，有华北地区最大的人工古松林。从建陵开始，清王朝就在永宁山下、易水河畔、陵寝内外，栽植了数以万计的松树，现在这里有古松 1.5 万株，青松幼柏 20 余万株，陵区内松柏葱郁，山清水秀，14 座陵寝掩映在松林之中，若隐若现，俨然一幅绚丽的山水画。

陵区内千余间宫殿建筑和百余座古建筑、古雕刻，气势磅礴。每座陵寝严格遵循清代皇室建陵制度，皇帝陵、皇后陵、王爷陵均采用黄色琉璃瓦盖顶，妃、公主、阿哥园寝均为绿色琉璃瓦盖顶，这些不同的建筑形制，展现出不同的景观和风格。

西陵外围原有红、青、白三层界桩，界桩以外还有官山，不许老百姓涉足。为了加强陵区的管理，设立了一套机构。西陵建设面积达 5 万多平方米，宫殿千余间，石建筑和石雕百余座，构成了一个规模宏大、富丽堂皇的建筑群。众多建筑均有彩画与雕刻，陵区宫殿多施旋子彩画，庙宇牌坊多施和玺彩画，行宫、住宅多施苏式彩画，在陵区雕刻中，为数最多的是龙凤。整个建筑群反映出了我国古代建筑艺术发展的高度水平和民族风格的优良传统，充分体现了我国劳动人民的杰出智慧和创造才能，是祖国极其珍贵的文化瑰宝。西陵陵区富有浓郁的园林气息，陵区古松参天，四季常青。在

绿色的海洋里，浮现出金光灿烂的琉璃瓦宫殿，春夏之时，绿茵茵的松涛岛语，流水潺潺，季丽如画，是旅游避暑的胜地。

泰 陵

雍正的泰陵居于陵区的中心位置，是西陵中建筑最早、规模最大的一座。其余各陵分布在东西两侧。泰陵的神道由 3 层巨砖铺成，两边苍松翠柏，上南往北分布着 40 多项大大小小的建筑。

泰陵是清西陵的首陵，埋葬着雍正及他的皇后孝敬、皇贵妃敦肃。雍正皇帝的泰陵，位于永宁山主峰之下，始建于雍正八年（公元 1730 年）。泰陵是西陵的主体建筑，规模大，体系完整。西陵以泰陵为中心，其余各陵分布在它的东西两侧，规制与清东陵基本相同。过一座联拱式的五孔桥，进入陵区，前有 3 座精美高大的石牌坊，牌坊的建筑庄重、美观、色彩调和。这 3 座石坊，都是五间、六柱、十一楼形式，用青花石筑成，上刻有山、水、花、草、禽兽等图形，形态生动，被视为西陵建筑艺术中具有代表性的作品。另一条宽 10 余米、长 5 华里的神道贯穿陵区全部。陵内还有大红门、具服殿、圣德神功碑楼、七孔石拱桥、石像生、隆恩门、隆恩殿、方城明楼和宝顶等一系列建筑和石雕刻。隆恩殿建造精美壮观，面阔五间，进深三间。重檐歇山黄瓦顶，木结构卯榫对接。明柱沥粉贴金包裹，殿顶有旋子彩画，梁枋装饰金线点金，枋心彩画"江山统一"和"普照乾坤"，色彩调和，殿宇金碧辉煌。

慕 陵

道光的陵称慕陵。它位于清西陵的昌陵西 15 千米处的龙泉峪。该陵建造得很特殊，与其他帝陵都不相同，是道光帝独树心裁之作。慕陵以精致小巧的建筑模式、清丽淡雅的建筑风格、工艺卓绝的楠木雕龙成为清帝陵中最具特色的一例。楠木烫蜡后褐然的色泽，灰黄交融的墙垣，配以蓝天白云，绿树金顶，典雅肃穆，清碧绝尘，自有一番幽远神秘、古朴超然的气度。

慕陵的特点是规模小，没有方城、明楼、大碑亭、石象牲等建筑，但其工程质量的坚固程度则超过泰、昌二陵。

慕陵神道放弃与泰陵相接，最南端是一座五孔桥，因为鸦片战争的失败，道光帝"愧对祖宗"、"愧对天下百姓"，遂下令取消了歌功颂德的圣德神功碑和石像生。五孔桥之北即龙凤门，与孝陵、泰陵、昌陵相同，但略小。龙凤门以北建有下马碑东西各一座，神道碑亭体量较小，石碑正面刻有宣宗谥号，背面按照道光的遗嘱，刻有咸丰帝亲自撰写的记述宣宗一生事迹的碑文，这在清陵中绝无仅有，其实是兼有圣德神功碑的作用。

神道碑亭往北，是神道桥，慕陵没有按照三路三孔的惯例，而是变成了一路拱桥，东西两侧各有一平桥。桥北东西朝房各一座，前出廊，面阔三间，但进深缩小为两间。朝房之北各有一座班房。隆恩门建在石质须弥座上，台面铺金砖，面阔五间，黄琉璃瓦单檐歇山顶，中开大门三道，门内燎炉已无。东西配殿较小，面阔仅三间，进深两间，前出廊，单檐歇山顶。

经典园林篇

承德避暑山庄

　　坐落在河北省承德市、峰峦起伏的塞北群山之中的避暑山庄是我国清代最大的皇家园林，总面积564万平方米。避暑山庄始建于1703年，历时87年建成124组建筑，其中皇帝命名的有72景，园林建筑体现出"集天下景色于一园，移天缩地于一方"的帝王思想，兼具南秀北雄之美。

　　避暑山庄又称热河行宫、承德离宫，是清代帝后每年夏秋季节日常起居、处理朝政和举行庆典的地方。宫殿布局严谨，建筑朴素。内部分为宫殿区、湖区、山峦区、平原区四大部分。宫殿区位于避暑山庄南端，这里浓荫蔽日，古木苍郁，别有情趣，主要有正宫、松鹤斋、东宫和万壑松风四组建筑，现已辟为陈列清代宫廷史迹和宫廷艺术品的博物馆。湖区现有水域33.3公顷左右，被岛、堤分割为澄湖、如意湖、银湖、镜湖、长湖、上湖、下湖等不同景观的小湖，水天一色，绿树环岸，树影婆娑，湖内外有水心榭、烟雨楼、月色江声、如意洲、金山、文园狮子林等园林建筑。山峦区林木葱郁，峡谷纵横，溪流潺潺，有松云峡、梨树峡、榛子峪、西峪等数条峡谷，有珠源寺、涌翠岩、广元宫、眺远亭、碧峰寺、四面云山、水月庵、观瀑亭等景点。平原区位于湖区北部，松槐翁郁苍莽，环境清幽静谧，拥有万树园、试马隶、文津阁、春好轩、永佑寺、叙利塔等御题景点 20 个。山庄峰峦跌宕，山水相依，洲岛错落，林木繁茂，景色迷人。

在承德避暑山庄东部和北部，12 座色彩瑰丽、金碧辉煌的大型喇嘛寺庙如珍珠一般呈众星捧月之势环列在丘陵起伏的地段上。这些寺庙建筑宏伟、风格各异，融合了汉、蒙、藏等民族建筑形式，颇具特色。寺庙建筑与园林巧妙结合，布局如云行星列，采用了"重在神似，仿中有创"的建筑原则，这里集各种风格寺庙之大成，在 40 多万平方米的地域上可以欣赏到千姿百态的寺庙建筑，普陀宗乘之庙仿布达拉宫，普宁寺仿西藏三摩耶庙，须弥福寿之庙仿扎什伦布寺，安远庙仿新疆伊犁固而扎庙，罗汉堂仿浙江宁海安国寺，殊象寺仿五台山殊象寺……当年有 8 座寺庙分 8 处管理，因其地处塞外，故称外八庙。久而久之，外八庙便成为这些寺庙的代称。外八庙的建筑、园林以及大量的碑刻、雕塑、壁画、佛像祭品等文物是我们研究清代历史、宗教文化、园林艺术以及形象地认识 200 多年前劳动人民才华智慧的难得的瑰宝。

青砖灰瓦、古朴典雅、庄严肃穆的避暑山庄和巍峨壮观、金碧辉煌、富丽堂皇的外八庙早已闻名遐迩，是观光游览、休闲度假、访古礼佛的佳地。

豫　园

豫园是一座完美的古典园林，它处在旧上海城中心区——安仁街 13 号。现在又是豫园旅游商城的风景区。

豫园原本是明代四川布政使潘允端的私园。潘氏为"愉悦老亲"，而请当时建园名家张南阳设计，于嘉靖三十八年（1559 年）建造此园，愉与豫通，故称豫园。园内亭台楼阁，池榭曲桥，假山叠翠，布置精巧，是江南庭园的代表之一。但好景不长，豫园屡易其主，历有兴废。乾隆时，一些绅商发起恢复重建豫园，园成后改称"西园"，原厅堂亭楼均易新名，成为上海各业商人集会之处。每月朔、望之日，官府派人来此向绅士宣讲"圣谕"；逢到皇帝生日，商人们来此朝贺"万寿"。此外，逢干旱做道场祈神求雨，也在这里举行。后随上海沦为半殖民地，豫园几度遭劫。

今天的豫园，是 1950 年代后修葺的，占地 2 万多平方米。园内设有楼阁亭台、假山池沼等 30 余景。其间以蜿蜒起伏的龙墙分隔为各具特色的 6 个景区，即大假山、万花楼、玉玲珑、内园、点春堂、湖心亭。

从豫园大门进去，迎面就是一座宏伟宽敞的大厅，窗户上雕有精美的稻穗、麦穗、黍稷和各种瓜果的花饰，这便是三穗堂。其后为仰山堂，曲栏回廊，别具特色。

往北不远是大假山风景区，为豫园景色精华所在。大假山以 2000 余吨武康石堆砌而成，层峦叠嶂，幽谷深壑，气势磅礴，仿佛天造地设、鬼斧神工。东面峭壁下为萃秀堂，堂前山石罗列，别有诗情画意。此为江南最大、保存最完整的黄石假山。

万花楼景区在大假山东面。从鱼乐榭到万花楼一带，有游廊、溪流、山石，且多庭院小景，耐人玩味。尤其是鱼乐榭曲槛临流，饵鱼其下，可得庄周的濠上之乐。玉玲珑景区包括玉华堂、会景楼。

园内东南一角的内园已成"园中之园"。建于清康熙四十八年（1709年），原名东园，属城隍庙，为城隍神的"灵苑"。面积仅2亩余，但景物设置因地制宜，有吐水池石、崇楼伟阁。宏伟的静观大厅高昂宽敞，还云楼、卷雨楼、延清楼、观涛楼与不系舟连成串楼。观涛楼前面为湖石假山，峰石罗列，那些狮、猴、虎、鹿形状的天宫石是经过千万年的湖水冲击而形成的。假山上多是罗汉松、紫薇、黄杨等老树。青葱翠绿丛中，掩映着双层的耸翠亭。内园之南，近来又开辟"豫园曲苑"，移来原钱业会馆光绪十四年所建的古典戏台，精雕细琢，为上海仅存的一座古典剧场。

点春堂景区位于园内东北角，包括和熙堂、藏宝楼。该景区园亭轩敞，花木阴翳（yì），泉水潆洄，涓涓不尽。东面有双层的快楼，坐落于双洞之上，洞壑深幽；右侧有抱云岩，奇峰突兀，瀑布湍急，如一险峰。

湖心亭景区包括荷花池、湖心亭和九曲桥。这里原是豫园的中心，一度被隔在园外，现已与全面修复扩建的豫园融为一体。

豫园造型雅秀，古色古香，夹在繁华的大都市里，显得异常突出与温馨，让人身处闹市而享林园之幽美。

江南名石"玉玲珑"

在豫园里，有一块八九英尺高的巨大太湖石——"玉玲珑"。这块天然的大石头玲珑剔透、亭亭玉立，浑身上下都是孔洞。有人曾用"以一炉香置石底，孔孔出烟；以一盂水灌石顶，孔孔泉流"来形容此石的奇妙。它正是古人激赏的"皱、漏、瘦、透"之石，故

被列为江南三大名石之一，并有"天下第一奇石"之誉。

相传"玉玲珑"是隋唐时代发现的。宋徽宗赵佶（jí）大征花石纲时被列为贡品，但因体积庞大，运送十分艰难。运夫们眼看无论如何也不能按期送到京城了，便在松江乌泥泾趁押送的差人狂饮酒醉之机逃之夭夭。差人醒后，一见运夫无影无踪，吓得魂不附体，也都四散而去。后来"玉玲珑"几经辗转落到浦东三林塘南园内。南园的主人储昱（yù）无子，膝下一女嫁与上海豫园的旧主人潘允端的兄弟潘允亮。储昱死后，潘允亮便将玉玲珑移至豫园。在搬运途中，因船到黄浦江正遇风浪，舟石俱沉。后雇人潜入水底，用铁索拴住往上拖，想不到将另一块石头也带上来了，这便是玉玲珑的座子。潘允亮特意筑一厅堂放置此石，这便是玉华堂。

玉华堂内还存有潘允端在堂中每日记一篇日记而辑成《王华堂日记》。

🦋 小刀会与点春堂

点春堂是豫园东北角的一座大殿，有五间厅堂建筑，画栋雕梁，宏丽轩昂。因为它和一段可歌可泣的历史紧密相连，因此成为园内的重要建筑和名胜。

"东校场，西校场，兵强马又壮。欲投小刀会，来到点春堂。"清咸丰初年这首流行在群众中的民谣，说的就是小刀会与点春堂的事。1853年太平天国攻取南京，上海小刀会积极响应，在县城揭竿而起。

起义军主要将领陈阿林、潘起亮把指挥所设在点春堂，点春堂于是成了小刀会策议大事的场所。小刀会不屈不挠，坚持斗争一年半，在我国历史上写下了光辉的一页。

现在厅内陈列有小刀会使用过的兵器、历史文告及各将士的塑像等。正墙上挂着清末画家任伯年画的《观剑图》。传说他曾参加过小刀会，后来为点春堂作了这幅画，含缅怀小刀会之情。画的两侧是书法家沈尹默书写的"胆量包空廓，心源留粹精"对联，对小刀会英雄给予了高度赞扬。1961 年郭沫若来到豫园时，也曾赋诗："小刀会址忆陈刘，一片红巾起海陬（zōu）。日月金钱昭日月，风流人物领风流。"

苏州园林

苏州是我国著名的历史文化名城，有"人间天堂，园林之城"的美誉。这里素来以山水秀丽，园林典雅而闻名天下，有"江南园林甲天下，苏州园林甲江南"的美称。苏州古典园林"不出城郭而获山水之怡，身居闹市而有灵泉之致"，1985 年被评为我国十大风景名胜之一。

苏州古典园林的历史可以上溯至公元前 6 世纪春秋时吴王的园囿，私家园林最早见于记载的是东晋的辟疆园。16 ~ 18 世纪达到全盛时期，共有园林 200 余处，现在保存尚好的有数十处。

园林可以分为宅地园林、市郊园林和寺庙园林三大类。苏州园林多为宅地园林，由贵族、宦官、富商等所建，精致优雅。作为苏州古典园林典型例证的拙政园、留园、网师园和环秀山庄，产生于苏州私家园林发展的鼎盛时期，以其意境深远、构筑精致、艺术高雅、文化内涵丰富而成为苏州众多古典园林的典范和代表。而其四大名园沧浪亭、狮子林、拙政园和留园则分别代表着宋、元、明、清四个朝代的艺术风格，网师园和藕园颇负盛名。

经典园林篇

拙政园

拙政园是"苏州园林之冠",为江南风格的私家花园。与北京颐和园、承德避暑山庄、苏州留园并称为我国四大古典名园,现为全国重点文物保护单位。

拙政园位于苏州东北街 178 号,是苏州最大的一处园林,也是苏州园林的代表作,明正德年间(1506~1521 年)修建。现存园貌多为清末时(20 世纪初)所形成,占地 52000 平方米,分为东、中、西和住宅 4 个部分。住宅是典型的苏州民居,现布置为园林博物馆展厅。拙政园的布局疏密自然,其特点是以水为主,水面广阔,景色平淡天真、疏朗自然。它以池水为中心,楼阁轩榭建在池的周围,其间有漏窗、回廊相连,园内的山石、古木、绿竹、花卉,构成了一幅幽远宁静的画面,代表了明代园林建筑风格。

中部是拙政园的主景区,为精华所在。面积约 18.5 亩。其总体布局以水池为中心,亭台楼榭皆临水而建,有的亭榭则直出水中,具有江南水乡的特色。池水面积占全园面积的 3/5。池广树茂,景色自然,临水布置了形体不一、高低错落的建筑,主次分明。总的格局仍保持明代园林浑厚、质朴、疏朗的艺术风格。以荷香喻人品的远香堂为中部拙政园主景区的主体建筑,位于水池南岸,隔池与东西两山岛相望,池水清澈广阔,遍植荷花,山岛上林荫匝地,水岸藤萝粉披,两山溪谷间架有小桥,山岛上各建一亭,西为雪香云蔚亭,东为待霜亭,四季景色因时而异。远香堂之西的倚玉轩与其西船舫形的香洲("香洲"名取以香草喻性情高傲之意)遥遥相对,两者与其北面的"荷风四面亭"成三足鼎立之势,都可随势赏荷。倚玉轩之西有一曲水湾深入南部居宅,这里有三间水阁"小沧浪",它以北面的廊桥"小飞虹"分隔空间,构成一个幽静的水院。

西部原为"补园",面积约 12.5 亩,其水面迂回,布局紧凑,依山傍水建以亭阁。因被大加改建，所以乾隆后形成的工巧、造作的艺术的风格占了上风，但水石部分同中部景区仍较接近，而起伏、曲折、凌波而过的水廊、溪涧则是苏州园林造园艺术的佳作。西部主要建筑为靠近住宅一侧的三十六鸳鸯馆，是当时园主人宴请宾客和听曲的场所。厅内陈设考究，晴天由室内透过蓝色玻璃窗观看室外景色犹如一片雪景。三十六鸳鸯馆的水池呈曲尺形，其特点为台馆分峙，装饰华丽精美。回廊起伏，水波倒影，别有情趣。西部另一主要建筑"与谁同坐轩"乃为扇亭，扇面两侧实墙上开着两个扇形空窗，一个对着"倒影楼"，另一个对着"三十六鸳鸯馆"，而后面的窗中又正好映入山上的笠亭，而笠亭的顶盖又恰好配成一个完整的扇子。"与谁同坐"取自苏东坡的词句"与谁同坐，明月，清风，我"。故一见匾额，就会想起苏东坡，并立时顿感到这里可欣赏水中之月，可受清风之爽。西部其他建筑还有留听阁、宜两亭、倒影楼、水廊等。

东部原称"归田园居"，是因为明崇祯四年（1631年）园东部归侍郎王心一而得名。因归园早已荒芜，全部为新建，布局以平冈远山、松林草坪、竹坞曲水为主。配以山池亭榭，仍保持疏朗明快的风格，主要建筑有兰雪堂、芙蓉榭、天泉亭、缀云峰等，均为移建。

沧浪亭

沧浪亭位于苏州城南，是苏州最古老的一所园林，始建于北宋庆历年间（1041～1048年），南宋初年（12世纪初）曾为名将韩世忠的住宅。沧浪亭占地面积1.08公顷，园内有一泓清水贯穿，波光倒影，景象万千。

沧浪亭主要景区以山林为核心，四周环列建筑，亭及依山起伏的长廊又利用园外的水画，通过复廊上的漏窗渗透作用，沟通园内、

外的山、水，使水面、池岸、假山、亭榭融成一体。园中山上石径盘旋，古树葱茏，箬竹被覆，藤萝蔓挂，野卉丛生，朴素自然，景色苍润如真山野林。

著名的沧浪亭即隐藏在山顶上，它高踞丘陵，飞檐凌空。亭的结构古雅，与整个园林的气氛相协调。亭四周环列有数百年树龄的高大乔木五六株。亭上石额"沧浪亭"为俞樾所书。石柱上石刻对联：清风明月本无价；近水远山皆有情。上联选自欧阳修的《沧浪亭》诗中"清风明月本无价，可惜只卖四万钱"句，下联出于苏舜钦《过苏州》诗中"绿杨白鹭俱自得，近水远山皆有情"句。全园漏窗共108式，图案花纹变化式端，无一雷同，构作精巧，环山就有59个，在苏州古典水宅园中独树一帜。

园中最大的主体建筑是假山东南部面阔三间的明道堂。明道堂取"观听无邪，则道以明"意为堂名。为明、清两代文人讲学之所。堂在假山、古木掩映下，屋宇宽敞，庄严肃穆。墙上悬有三块宋碑石刻拓片，分别是天文图、宋舆图和宋平江图（苏州城市图）。相传乾隆帝南巡时，曾召誉满江浙的苏州评弹艺人王周士于此堂内说书。堂南，"瑶华境界"、"印心石层"、"看山楼"等几处轩亭都各擅其胜。折而向北，有馆三间名"翠玲珑"，四周遍植翠竹，取"日光穿竹翠玲珑"意而为名。

竹是沧浪亭自苏舜钦筑园以来的传统植物，也是沧浪亭的特色之一。园内现植有各类竹20余种。翠玲珑馆连贯几间大小不一的旁室，使小馆曲折，绿意四周，前后芭蕉掩映，竹柏交翠，风乍起，万竿摇空，滴翠匀碧，沁人心脾。同翠玲珑相邻的是五百名贤祠，祠中三面粉壁上嵌594幅与苏州历史有关的人物平雕石像，为清代名家顾汀舟所刻。五百名贤只是取其整数而言。每五幅像合刻一石，上面刻传赞四句，从中可知这些古贤的概况，他们是从春秋至清朝约 2500 年间与苏州历史有关的人物。名贤中的绝大部分是吴人，也有外地来苏为官的名宦。名贤像多数临自古册，也有的来自名贤后裔，具有文献价值。

园中西南有假山石洞，名"印心石屋"。山上有小楼名"看山楼"，登楼可览远近苏州风光。此外还有仰止亭和御碑亭等建筑与之映衬。沧浪亭著名的建筑还有观鱼处等。

🦋 狮子林

狮子林至今已有 600 多年的历史。位于苏州市城区东北角的园林路 23 号，始建于元至正二年（1342 年）。因园内石峰林立，多状似狮子，故名"狮子林"。

狮子林平面成东西稍宽的长方形，占地 1.1 公顷，开放面积 0.88 公顷。园内假山遍布，长廊环绕，楼台隐现，曲径通幽，有迷阵一般的感觉。长廊的墙壁中嵌有宋代四大名家苏轼、米芾、黄庭坚、蔡襄的书法碑及南宋文天祥《梅花诗》的碑刻作品。

东南多山，西北多水，四周高墙深宅，曲廊环抱。以中部水池为中心，叠山造屋，移花栽木，架桥设亭，使得全园布局紧凑，富有"咫尺山林"意境。狮子林既有苏州古典园林亭、台、楼、阁、厅、堂、轩、廊的人文景观，更以湖山奇石，洞壑深邃而盛名于世，素有"假山王国"的美誉。狮子林的湖石假山既多且精美，湖石玲珑，洞壑宛转，曲折盘旋，如入迷阵，有"桃源十八景"之称。洞顶奇峰怪石林立，均似狮子起舞之状。有含晖、吐月、玄玉、昂霞等名峰，而以狮子峰为诸峰之首。园内建筑以燕誉堂为主，堂后为小方厅，有立雪堂。向西可到指柏轩，为二层阁楼，四周有庑，高爽玲珑。指柏轩之西是古五松园。西南角为见山楼。由见山楼往西，可到荷花厅。厅西北傍池建真趣亭，亭内藻饰精美，人物花卉栩栩如生。亭旁有两层石舫。石舫备岸为暗香疏影楼，由此循走廊转弯

向南可达飞瀑亭，是为全园最高处。园西景物中心是问梅阁，阁前为双仙香馆。双香仙馆南行折东，西南角有扇子亭，亭后辟有小院，清新雅致。

由于林园几经兴衰变化，寺、园、宅分而又合，传统造园手法与佛教思想相互融合，以及近代贝氏家族把西洋造园手法和家祠引入园中，使其成为融禅宗之理、园林之乐于一体的寺庙园林。

留 园

留园为我国四大名园之一。留园坐落在苏州市阊（chāng）门外，始建于明代。清代时称寒碧山庄，俗称刘园，后改为留园。

留园占地约50亩，园内建筑的数量在苏州诸园中居冠，厅堂、走廊、粉墙、洞门等建筑与假山、水池、花木等组合成数十个大小不等的庭园小品。其在空间上的突出处理，充分体现了古代造园家的高超技艺、卓越智慧和江南园林建筑的艺术风格和特色。

建筑物将园划分为4个部分，各建筑物设有多种门窗，可沟通各部景色，不仅使人在室内观看室外景物时，能将以山水花木构成的各种画面一览无余，视野空间大为拓宽。而且能在一个园林中领略到山水、田园、山林、庭园4种不同的景色。中部以山水为主，是全园的精华所在。主要建筑有涵碧山房、明瑟楼、远翠阁曲溪楼、清风池馆等处。

东部以曲院回廊的建筑取胜，园的东部有著名的佳晴雨快鱼之厅、林泉耆硕之馆、还我读书处、冠云台、冠云楼等十数处斋、轩，院内池后立有3座石峰，居中者为名石冠云峰，两旁为瑞云，岫云两峰。北部具农村风光，并有新辟盆景园。西区则是全园最高处，有野趣，以假山为奇，土石相间，堆砌自然。池南涵碧山房与明瑟楼为留园的主要观景建筑。

留园以水池为中心，池北为假山小亭，林木交映。池西假山上的闻木樨香轩，则为俯视全园景色最佳处，并有长廊与各处相通。

留园内的建筑景观还有表现淡泊处世之坦然的"小桃源（小蓬莱）"以及远翠阁、曲溪楼、清风池馆等。

圆明园

圆明园有"万园之园"的美称，是由康熙皇帝命名的。它原有亭台楼阁140多处，总面积达350万平方米。它的陆上建筑和故宫一样大，水域面积又等于一个颐和园。

圆明园位于北京西北郊，建于明朝。1709年，清朝康熙帝把该园赐给四子胤禛（后来的雍正帝），并赐名圆明园。经雍正、乾隆、嘉庆、道光、咸丰五位皇帝150多年的经营，集中了大批物力，役使了无数能工巧匠，倾注了千百万劳动人民的血汗，把它精心营造成了一座规模宏伟、景色秀丽的离宫。

清朝皇帝每到盛夏就来到这里避暑、听政，处理军政事务，因此也称"夏宫"。圆明园周围连绵10千米，由圆明园、万春园、长春园组成，而以圆明园最大，故统称圆明园（也称圆明三园）。此外，还有许多属园，分布在圆明园的东、西、南三面，其中有香山的静宜园、玉泉山的静明园、清漪园（后来的颐和园就是在此基础上建造起来的）等，全园面积合计5000多亩。

圆明园不仅汇集了江南若干名园胜景，还创造性地移植了西方园林建筑，集当时古今中外造园艺术之大成。园中有宏伟的宫殿、轻巧玲珑的楼阁亭台、象征热闹街市的"买卖街"、象征农村景色的"山庄"、仿照杭州西湖的平湖秋月、仿照苏州狮子林的风景名胜和

经典园林篇

仿照古代诗人画家的诗情画意建造的，如蓬莱瑶台、武陵春色等。可以说，圆明园是我国劳动人民智慧和血汗的结晶，也是我国人民建筑艺术和文化的典范。不仅如此，圆明园内还珍藏了无数的各种式样的无价之宝和极为罕见的历史典籍和丰富珍贵的历史文物，如历代书画、金银珠宝、宋元瓷器等，堪称人类文化的宝库之一，也可以这样说，它是世界上一座最大的博物馆。

圆明园是人工创造的一处规模宏伟、景色秀丽的大型园林。平地叠山理水，精制园林建筑，广植树木花卉。以断续的山丘、曲折的水面及亭台、曲廊、洲岛、桥堤等，将广阔的空间分割成大小百余处山水环抱、意趣各不相同的风景群。园内水面约占三园总面积的2/5，在平地上人工开凿大中小水面，由回环萦流的河道串联为一个完整的河湖水系。园内又缀叠有大大小小的土山250座，与水系相结合，水随山转，山因水活，构成了山复水转、层层叠叠的园林空间，使整个园林宛如江南水乡般的烟水迷离，虽由人做，宛自天开。

圆明园还是一座珍宝馆，里面藏有为数众多的名人字画、秘府典籍、钟鼎宝器、金银珠宝等稀世文物，集中了我国古代文化艺术的精华。然而1860年英法联军入侵北京后，大肆搜略园内的文物珍宝，最后竟放火将这座万园之园彻底毁掉，偌大的圆明三园内仅有二三十座殿宇亭阁及庙宇、官门、值房等建筑幸存，但门窗多有不齐，室内陈设、几案均尽遭劫掠。自此同时，万寿山清漪园、香山静宜园和玉泉山静明园的部分建筑也遭到焚毁。新中国成立后，人民政府十分重视圆明园遗址的保护，先后将其列为公园用地和重点文物保护单位，征收了园内旱地、进行了大规模植树绿化。1976年正式成立圆明园管理处之后，遗址保护、园林绿化有明显进展，西洋楼一带得到局部清理和整理，整个遗址东半部的园林道路、园杯设施从无到有，逐年有所改善，来园凭吊游览者有大幅度增加。

颐和园

颐和园原名清漪园，是我国现存规模最大，保存最完整的皇家园林，为我国四大名园之一，被誉为皇家园林博物馆。颐和园位于北京市西北近郊海淀区，距北京城区 15 千米。是利用昆明湖、万寿山为基址，以杭州西湖风景为蓝本，汲取江南园林的某些设计手法和意境而建成的一座大型天然山水园，也是保存得最完整的一座皇家行宫御苑，占地约 290 公顷，其中水域面积约占 3/4。

颐和园始建于 1750 年，1764 年建成，集传统造园艺术之大成，万寿山、昆明湖构成其基本框架，借景周围的山水环境，饱含我国皇家园林的恢弘富丽气势，又充满自然之趣，高度体现了"虽由人做，宛自天开"的造园准则。颐和园亭台、长廊、殿堂、庙宇和小桥等人工景观与自然山峦和开阔的湖面相互和谐、艺术地融为一体，整个园林艺术构思巧妙，是集我国园林建筑艺术之大成的杰作，在中外园林艺术史上地位显著，有声有色。

园中主要景点大致分为 3 个区域：以庄重威严的仁寿殿为代表的政治活动区，是清朝末期慈禧与光绪从事内政、外交政治活动的主要场所，以乐寿堂、玉澜堂、宜芸馆等庭院为代表的生活区，是慈禧、光绪及后妃居住的地方；以万寿山和昆明湖等组成的风景游览区，也可分为万寿前山、昆明湖、后山后湖 3 部分；以长廊沿线、后山、西区组成的广大区域，是供帝后们澄怀散志、休闲娱乐的苑园游览区。前山以佛香阁为中心，组成巨大的主体建筑群。万寿山

南麓的中轴线上，金碧辉煌的佛香阁、排云殿建筑群起自湖岸边的云辉玉宇牌楼，经排云门、二宫门、排云殿、德辉殿、佛香阁，终至山巅的智慧海，重廊复殿，层叠上升，贯穿青琐，气势磅礴。巍峨高耸的佛香阁8面3层，踞山面湖，统领全园。碧波荡漾的昆明湖平铺在万寿山南麓，约占全园面积的3/4。昆明湖中，宏大的十七孔桥如长虹偃月倒映水面，湖中有一座南湖岛，十七孔桥和岸上相连。蜿蜒曲折的西堤犹如一条翠绿的飘带，萦带南北，横绝天汉，堤上六桥，婀娜多姿，形态互异。涵虚堂、藻鉴堂、治镜阁3座岛屿鼎足而立，寓意着神话传说中的"海上仙山"。阅看耕织图画柔桑拂面，豳风如画，乾隆皇帝曾在此阅看耕织活画，极具水乡村野情趣。与前湖一水相通的苏州街，酒幌临风，店肆熙攘，仿佛置身于两百多年前的皇家买卖街，谐趣园则曲水复廊，足谐其趣。在昆明湖湖畔岸边，还有著名的石舫，惟妙惟肖的铜牛，赏春观景的知春亭等景点建筑非常好。后山后湖碧水潆回，古松参天，环境清幽。

何　园

何园又名寄啸山庄，坐落于江苏省扬州市的徐凝门街，被誉为"晚清第一园"。由清光绪年间任湖北汉黄道台、江汉关监督何芷舠所造，是清乾隆年间双槐园的旧址。清同治年间，在双槐园的旧址上改建成寄啸山庄，占地14000余平方米，园内有大槐树两株，传为双槐园故物，今仍有一株。

何园是清代后期扬州园林的代表作，为全国重点文物保护单位，是扬州的园林特色和风格的体现。全园可分为东西两个部分，以两层串楼和复廊与前面的住宅连成一体。东园的主要建筑是四面厅，为一船厅，单檐歇山式，带回廊，面阔 15.65 米，进深 9.50 米。厅似船形，四周以鹅卵石、瓦片铺地，花纹作水波状，给人以水居的意境。以此建筑为主景，南向的明间廊柱上，悬有木刻联句"月作主人梅作客，花为四壁船为家"；厅北有假山贴墙而筑，参差蜿蜒，妙趣横生；东有一六角小亭，背倚粉墙；西有石阶婉转通往楼廊；南边建有五间厅堂，三面有廊。复道廊中的半月台，是中秋赏月的好地方。

西园空间开阔，中央有一个大水池，楼厅廊房环池而建。池的北楼宽七楹，屋顶高低错落；中楼的三间稍突，两侧的两间稍敛，屋角微翘，形若蝴蝶，故而俗称"蝴蝶厅"。楼旁与复道廊相连，并与假山贯串分隔，廊壁间有漏窗可互见两面的景色。池东有石桥，与水心亭贯通，亭南曲桥抚波，与平台相连，是纳凉之所。池西一组假山逶迤（wēi yí）向南，峰峦叠嶂，后有挂花厅三楹，有黄石假山夹道，古木掩映，野趣横生。何园中的水心亭（有人称戏台），是为了巧用水面和环园回廊的回声，增强其音响的共鸣效果而建的，以供园主人观赏戏曲和歌舞之用。《红楼梦》等影片的拍摄，都曾把何园的水心亭作为场景。"四面串楼环水抱，几堆假山叹自然。"串楼是何园建筑艺术的最大特色。串楼复廊逶迤曲折，延伸不断。串楼长 400 余米，绕园一周。在串楼的窗格和壁板上刻有苏东坡、唐伯虎、郑板桥等人诗画，回廊墙壁石碑上嵌有古人的诗句。回廊上的"观园镜"，可通观全园景色，给人以"山外青山楼外楼"的景观印象，充分体现了建筑艺术与自然景物融为一体之美。

何园里还蕴藏着 4 个"天下第一"，"天下第一廊"指的是何园的复道回廊。复道回廊分上下两层，或直或曲，贯穿全园，全长 1500 多米，被誉为我国立交桥雏形。而复道回廊上的花窗被称为

经典园林篇

"天下第一窗"。造型阔大，气宇轩昂，绕廊赏景，步移景异，是园林花窗中罕见的极品。"天下第一亭"指的是以水池居中的西园池中央的水心亭。水心亭是一座我国仅有的水上戏台。在上面轻歌曼舞，可以巧妙的借助水面与走廊的回声，起到增强音响的共鸣效果。位于园东南的片石山房称为"天下第一山"，在石涛大师叠石人间孤本的腹内，藏有一座石屋。石屋有两间，东西都有洞门出入，盛夏酷暑，烈日炎炎，这里便成了养心消暑的绝佳之处。

湖泊瀑布篇

洱　海

　　洱海是一个风光明媚的高原淡水湖泊，在古代文献中曾被称为"叶榆泽"、"昆弥川"、"西洱河"、"西二河"等。水面海拔1972米左右，北起大理市洱源县江尾乡，南止于大理市下关镇，形如一弯新月，南北长41.5千米，东西宽3～9千米，周长116千米，面积251平方千米。

　　洱海属澜沧江水系，北有弥苴河和弥茨河注入，东南汇波罗江，西纳苍山十八溪水，水源丰富，汇水面积2565平方千米，平均容水量为28.2亿立方米，平均水深10.5米，最深处达20.5米。湖水从西洱河流出，与漾江汇合注入澜沧江。

　　洱海西面有点苍山横列如屏，东面有玉案山环绕衬托，空间环境极为优美，"水光万顷开天镜，山色四时环翠屏"，素有"银苍玉洱"、"高原明珠"之称。自古及今，不知有多高人韵士写下了对其赞美不绝的诗文。南诏清平官杨奇鲲在其被收入《全唐诗》的一首诗作中描写它"风里浪花吹又白，雨中岚影洗还清"；元代郭松年《大理行记》又称它"浩荡汪洋，烟波无际"。凡此种种，不胜

枚举。

洱海气候温和湿润，风光绮丽，景色宜人。巡游洱海，岛屿、岩穴、湖沼、沙洲、林木、村舍，各具风采，令人赏心悦目。古人将其概括为"三岛、四洲、五湖、九曲。"三岛是指金梭岛、玉几岛、赤文岛；四洲是指青莎鼻洲、大鹳溯洲、鸳鸯洲、马濂洲；五湖是指太湖、莲花湖、星湖、神湖、渚湖；九曲是指莲花曲、大鹳曲、潘矶曲、凤翼曲、罗莳曲、牛角曲、波曲、高菖曲、鹤翥（zhù）曲。

随着四时朝暮的变化，各种景观呈现出万千气象，于是，古人又归纳为"洱海八景"，即山海大观、三岛烟云、海镜开天、岚霭普陀、沧波漂舟、四阁风涛、海水秋色、洱海月映。当中所提到的四阁，便是古人为点缀、观赏洱海所陆续建造的四大名阁：天镜阁（位于海东）、珠海阁（位于洱海公园团山）、浩然阁（又名丰乐亭，位于才村海边）、水月阁（位于洱海北端双廊，与珠海阁遥相对峙）。四大名阁虽已倒塌不全，有待恢复重建，而这些名胜佳景的诗文佳句却时常见诸史籍。如明代白族学者李元阳咏水月阁的诗云"百二山河至此终，水晶皎皎漾蟾宫，鼓琴应许蛟龙听，吹笛能教鳖鼊（yuè zhuó）游"。从中我们不难体会到自古及今洱海人文景观之盛。

泸沽湖

泸沽湖位于云南宁蒗县与四川盐源县之间，在云南湖泊中，是仅次于澄江抚仙湖的第二大湖。它是由断层陷落而形成的高原淡水湖，摩梭语"泸"为山沟，"沽"为里，意为山沟里的湖。

因为自然环境破坏较轻，因此湖水异常洁净，最大透明度可达11.5米。虽然四周高山一年有三个月积雪，但湖水终年不冻，水体清澈，水质微甜，是我国目前少有的污染程度较低的高原深水湖之一，而且湖光秀丽。作为人文景观，泸沽湖素有"东方女儿国"之称。居住在湖畔的摩梭人至今仍保留着母系社会男不娶、女不嫁，男女之间建立偶居婚姻关系的走婚习俗，成为当今研究人类社会形态和母系社会婚姻习俗的鲜活材料。这里的村落民房多系"别木为屋"的井干式建筑，也构成独特的摩梭民居景观。

泸沽湖，当地人称"谢纳咪"，意为大海、母湖，从高处鸟瞰，如一只展翅的飞燕，也是四川的第一大天然淡水湖，湖水面积50.8平方千米，另有万亩草海，水面海拔2688米，被誉为"高原明珠"。湖中七岛，亭亭玉立，林木葱郁。湖的西北面，雄伟壮丽的格姆山巍然矗立，这即是纳西人为之崇拜而人格化的格姆女神。湖的东南面与草海连接，这里牧草丰盛，牛羊肥美，浅海处茂密的芦苇随风荡漾，蔌蔌的花草迎风招展，每到冬季，天鹅、黑颈鹤等珍稀候鸟数以万计栖息于此，平添一种生气，一种景致。湖周，在那茂密的原始森林里，豹、獐、鹿、岩羊、小熊猫、短尾猴、斑羚羊等珍稀动物出没其间，给人几分畏惧，几分野趣。湖畔，阡陌纵横，田园万顷，日出而作，日落而息，木摞房舍，炊烟袅袅，牧歌阵阵，渔火点点，阿哥阿妹，结伴相随，好一派景象万千的农家农园，令游人魂不守舍。

青海湖

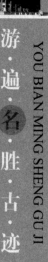

青海湖又名"库库淖尔",即蒙语"青色的海"之意。它位于青海省东北部的青海湖盆地内,坐落在青藏高原的东北部,既是我国最大的内陆湖泊,也是我国最大的咸水湖。由祁连山的大通山、日月山与青海南山之间的断层陷落形成。它长105千米,宽63千米,周长360千米,面积达4583平方千米,比我国最大的淡水湖鄱阳湖要大近459.76平方千米。最深处达38米,湖泊的集水面积约29661平方千米,湖面海拔3196米。西北有布哈河注入。

青海湖地处青海高原的东北部,这里地域辽阔,草原广袤,河流众多,水草丰美,环境幽静。湖的四周被4座巍巍高山所环抱:北面是崇宏壮丽的大通山,东面是巍峨雄伟的日月山,南面是逶迤绵绵的青海南山,西面是峥嵘嵯峨的橡皮山。这4座大山海拔都在海拔3600~5000米之间。举目环顾,犹如四幅高高的天然屏障,将青海湖紧紧环抱其中。从山下到湖畔,则是广袤平坦、苍茫无际的千里草原,而烟波浩渺、碧波连天的青海湖,就像是一盏巨大的翡翠玉盘平嵌在高山、草原之间,构成了一幅山、湖、草原相映成趣的壮美风光和绮丽景色。

青海湖的不同的季节里,景色迥然不同。夏秋季节,当四周巍巍的群山和西岸辽阔的草原披上绿装的时候,青海湖畔山清水秀,天高气爽,景色十分绮丽。辽阔起伏的千里草原就像是铺上一层厚厚的绿色的绒毯,那五彩缤纷的野花,把绿色的绒毯点缀的如锦似缎,数不尽的牛羊和膘肥体壮的骢马犹如五彩斑驳的珍珠洒满草原;

湖畔大片整齐如画的农田麦浪翻滚，菜花泛金，芳香四溢；那碧波万顷、水天一色的青海湖，好似一泓玻璃琼浆在轻轻荡漾。而寒冷的冬季，当寒流到来的时候，四周群山和草原变得一片枯黄，有时还要披上一层厚厚的银装。每年11月份，青海湖便开始结冰，浩瀚碧澄的湖面，冰封玉砌，银装素裹，就像一面巨大的宝镜，在阳光下熠熠闪亮，终日放射着夺目的光辉。

青海湖以盛产湟鱼而闻名，鱼类资源十分丰富。是我国西北地区最大的天然鱼库。4、5月间，鱼群游向附近河流产卵，布哈河口密密麻麻的鱼群铺盖水面，使湖水呈现黄色，鱼儿游动有声，翻腾跳跃，异常壮观。很值得提及的是，这里产的冰鱼较为著名。每到冬季，青海湖冰封后，人们在冰面钻孔捕鱼，水下的鱼儿，在阳光或灯光的诱惑下便自动跳出冰孔，捕而烹食味道鲜美。

青海湖中的海心山和鸟岛都是游览胜地。海心山又称龙驹岛，面积约1平方千米。岛上岩石嶙峋，景色旖旎，以产龙驹而闻名。鸟岛位于青海湖西部，在流注湖内的第一大河布哈河附近，它的面积只有0.5平方千米，春夏季节栖息着10万多只候鸟。

青海湖是一具富有神奇色彩的游览地，也是一个为全世界科学家所注目的巨大宝湖。政府曾对青海湖进行了多次综合考察，发现青海湖里有丰富的矿产资源。

居住在这里的汉、藏、蒙古等各族人民和睦相处，共同保护、开发和建设这浩瀚的宝湖。青海湖的美景吸引着成千上万游人，成为国内外旅游者云集的游览胜地。为了开发正在兴起的高原旅游事业，青海旅游部门在青海湖建立了旅游点。游客到此不仅可以观赏高原牧区风光，还可以乘马骑牦牛，漫游草原，攀登沙丘，或到牧民家里访问，领略藏族牧民风情。牧场还专门为游客扎下各式帐篷，备有奶茶、酥油、炒面和青稞美酒供游客品尝。

松花湖

松花湖像一串闪光的珍珠散落在吉林省吉林市西南 15 千米处，是丰满水电站截流大坝拦截江水而形成的人工湖。它水域辽阔，湖汊繁多，湖形狭长，长约 200 千米，最宽处可达 10 千米，水域面积 500 平方千米。

松花湖风景区以"水旷、林秀、山幽"著称。松花湖美，美在水旷。百里湖区碧波荡漾，波光潋滟，点点白帆点缀其间；湖水清澈，水草摇曳，白鱼、鲫鱼、鲤鱼穿梭嬉戏于其中；湖畔绿树葱茏，树影婆娑，山体雄浑，勾勒了一幅恬静、柔美的山水画。

松花湖美，美在林秀。初春，林木吐翠，万物复苏；盛夏，绿树苍润，花菲鸟鸣；秋季，层林尽染，落霞飞虹；隆冬，银装素裹，玉树银花。著名诗人贺敬之在游览松花湖后，感慨万千，写下了"水明三峡少，林秀西之无。此行傲范蠡，输我松花湖"的诗句。1994 年 6 月，江总书记来到这里，欣然题词："青山绿水松花湖"。

松花湖美，美在山幽。群山环绿水，碧波绕青山，深山幽谷，引人入胜；140 种野生动物和 160 余种野生经济植物在这里生息繁衍，春华秋实，为湖区增添了无限生机。

松花湖不仅自然风光秀丽，而且拥有丰富的冰雪资源，松花湖雪期达 6 个月之久，且风沙小，雪量大，雪质好，无污染。建有松花湖滑雪场、滑冰场、速滑场，是全国性的冬季体育运动中心。在青山滑雪场有高达 50 米的滑雪跳台，这是目前我国唯一的大型滑雪跳台。

武汉东湖

　　青山环绕、碧波万顷、妩媚秀逸的东湖位于武汉市武昌区，是我国最大的城中湖。景区面积 73 平方千米，其中水域面积 33 平方千米。景区分为听涛、磨山、落雁、白马、吹笛、珞洪 6 个风景区。浓郁的楚韵风情，秀丽的山水，丰富的植物，别致的园中园是东湖风景区的四大特点。

　　浓郁的楚风楚韵景观，使东湖风景区逐渐成为全国楚文化的中心。湖北省在古楚国属荆楚区域，武汉市自古是楚国腹地。经过 50 多年的楚文化发掘与建设，东湖形成了一批楚文化游览景点，如纪念屈原的行吟阁、屈原塑像、屈原纪念馆、《离骚》碑刻、楚人进行贸易的楚市，还有浓缩楚国经济、文化、发展历史的楚才园以及气势恢宏的楚城与楚天台，再现了八百多年来楚文化的博大与辉煌。

　　东湖湖山相映，磨山、枫多山、吹笛山等 34 座山峰紧紧环绕东湖碧水，有"九十九湾"之称。东湖有雪松、水杉、樟树等树木共394 种、300 万株，被人们称为绿色宝库；东湖是花的海洋，奇花异卉比比皆是，一年四季香飘不断，最具特色的要数梅花和荷花，其中梅花建有面积 33.3 公顷专门观赏园林，培育梅花品种 207 个，是我国四大梅园之一。我国花卉协会将"我国梅花研究中心"与"我国荷花研究中心"都设在东湖。东湖还有世界三大樱花园之一的东湖樱花园，全国第一座寓言雕塑园，以及鸟类的乐园——鸟语林，鳄鱼的天堂——鳄鱼园，杜鹃园、蔷薇园等多种景园 100 多处。

　　东湖一年四季风情万种，三月兰花四月樱；山明水秀，鸟语花香；七月流火，热不可挡，倚绿荫纳凉；秋高气爽，桂子十里飘香；寒风凛冽，磨山梅花吐蕾绽放，冷艳飘香。

洞庭湖

"湖水连天，天连水，秋来分澄清。君山自是小蓬瀛，气蒸云梦泽，波撼岳阳城。"这如诗如画的美景就是位于湖南省岳阳市的岳阳楼洞庭湖风景名胜区，景区有岳阳楼古城区、君山、南湖、团湖、芭蕉湖、汨罗江、铁水水库、福寿山、黄盖湖 9 个部分，总面积 1300 平方千米。

屹立在洞庭湖畔的岳阳楼，是我国古建筑中的瑰宝，与武昌黄鹤楼、南昌滕王阁合称我国江南三大名楼，自古有"洞庭天下水，岳阳天下楼"之赞誉。岳阳楼建筑极富特色，该楼主楼高 19 米，为"三层、四柱、飞檐、纯木"建筑，即主楼 3 层，以 4 根楠木大柱承负全楼重量，再用 12 根圆木柱子支撑 2 楼，外以 12 根梓木顶起飞檐。全楼梁、柱、檩、椽全靠榫（sǔn）头相连结为整体，稳如磐石，真可谓巧夺天工。登楼远望，一碧无垠，白帆点点，云影波光，气象万千。

洞庭湖为我国第二大淡水湖，有"八百里洞庭湖"之称。"衔远山，吞长江，浩浩荡荡，横无际涯，朝晖夕阴，气象万千。"湖中最大的岛屿君山，远望如横黛，近看似青螺，秀逸雅致，风光旖旎。山上古迹众多，有 36 亭、48 庙，其中舜帝的娥皇、女英"二妃"墓和汉武帝的"射蛟台"最为珍贵。

汨罗江畔有屈原祠、杜甫墓等。另外，景区还有仙梅亭、三醉亭、怀甫亭、慈氏塔、宋代文庙、鲁肃墓、黄盖湖、三国古战场等名胜古迹。

喀纳斯湖

喀纳斯自然景观保护区是阿勒泰风景旅游资源中的佼佼者，也是新疆最负盛名的旅游景点之一，堪称"阿尔泰山旅游明珠"。由于冰川强烈剥蚀，由高山河流拓宽、加深形成的阿克库勒湖和喀纳斯湖，就像两面巨大的明镜，成串珠状镶嵌在喀纳斯自然保护区的中心地带。喀纳斯湖状如弯月，是我国内地最深的湖泊。湖四周群山环抱，森林密布，草场繁茂，湖光山色美不胜收。

喀纳斯是我国唯一属于北冰洋水系欧洲地理体系的地区，是我国地理构成最为独特的地方。这里垂直带谱明显，山巅银光闪闪，现代冰川雄伟壮观。本区冰川面积和冰储量分别占整个阿尔泰山的74.46%和70%。喀纳斯河为保护区内的主要河流，东北向西南纵贯全区，注入布尔津河。这里都是高山淡水湖泊。山腰、山麓地带原始西伯利亚泰加林一片葱绿。代表树种为西伯利亚红松，森林多为原始林，高等植物540多种，是我国温带草原区域中植物种类最多的地区。寒温带及荒漠区动物有100多种，其中，国家重点保护动物有雪豹、盘羊、丹顶鹤、天鹅等。湖中鱼类10余种。

喀纳斯是蒙古语，意为"美丽富饶、神秘莫测"。喀纳斯湖位于阿尔泰深山密林中，面积比著名的博达格天池整整大10倍，湖面碧波万顷，群峰倒影，湖面还会随着季候和天气的变化而时时变化颜色，是有名的"变色湖"，每至秋季层林尽染，景色如画。喀纳斯湖

有几大景观，一是千米枯木长堤，二是传说湖中有巨型"湖怪"，三是雨过天晴时才有的"峨眉绝景"——喀纳斯云海佛光。

喀纳斯湖湖面像一把弯曲的弓，湖水平静如镜，绿得像一盏青梅酒。湖的两岸，茂密的森林与湖水紧紧相连，就像是画家专门画上去的。这里不仅生长着西伯利亚红松、云杉、落叶松、冷杉等稀有物种，还生长着白桦、山杨、花椒等阔叶树种；林下杂草丛生，野花片片，火红的秋叶，五彩缤纷的花朵，从雪山下一直延伸到林下的台地。每当烟云袅绕，雪峰、春山若隐若现，恍若隔世。

杭州西湖

杭州西湖位于浙江省杭州市的西方。西湖古称"钱塘湖"，又名"西子湖"，它以其秀丽的湖光山色和众多的名胜古迹而闻名中外，是我国著名的旅游胜地，也被誉为"人间天堂"。

西湖的水面面积约 4.37 平方千米，湖岸周长 15 千米。水的平均深度在 2.27 米，湖南北长 3.3 千米，东西宽 2.8 千米。西湖形态为近于等轴的多边形，苏堤和白堤将湖面分成里湖、外湖、岳湖、西里湖和小南湖 5 个部分。

西湖的美不仅在湖，也在于山。环绕西湖，西南有龙井山、理安山、南高峰、烟霞岭、大慈山、临石山、南屏山、凤凰山、吴山等，总称南山。北面有灵隐山、北高峰、仙姑山、栖霞岭、宝石山等，总称北山。它们像众星捧月一样，捧出西湖这颗明珠。山的高度都不超过 400 米，但峰奇石秀，林泉幽美。南北高峰遥相对峙，高插云霄。

其他景点还有保俶挺秀、长桥旧月、古塔多情、湖滨绿廊、花圃烂漫、金沙风情、九里云松、梅坞茶景、西山荟萃、太子野趣、植物王国、中山遗址、灵隐佛国、岳王墓庙、西溪湿地等。

西湖不但独擅山水秀丽之美，林壑幽深之胜，而且还有丰富的文物古迹、优美动人的神话传说，自然、人文、历史、艺术，巧妙地融合在一起。西湖古迹遍布，拥有国家重点文物保护单位 5 处、省级文物保护单位 35 处、市级文物保护单位 25 处，还有 39 处文物保护点和各类专题博物馆点缀其中，为之增色，是我国著名的历史文化游览胜地。

新疆天池

新疆天池位于新疆阜康县境内的博格达峰下的半山腰，东距乌鲁木齐 110 千米，海拔 1980 米，是一个天然的高山湖泊。湖面呈半月形，长 3400 米，最宽处约 1500 米，面积 4.9 平方千米，最深处约 105 米。湖水清澈，晶莹如玉。四周群山环抱，绿草如茵，野花似锦。有"天山明珠"盛誉。挺拔、苍翠的云杉、塔松，漫山遍岭，遮天蔽日。

天池东南面就是雄伟的博格达主峰，海拔达 5445 米。主峰左右又有两峰相连。抬头远眺，三峰并起，突兀插云，状如笔架。峰顶的冰川积雪，闪烁着皑皑银光，与天池澄碧的湖水相映成趣，构成了高山平湖绰约多姿的自然景观。现在，天池不仅是中外游客的避暑胜地，而且已成为冬季理想的高山溜冰场。环绕着天池的群山，雪山上生长着雪莲、雪鸡，松林里出没着狗子，遍地长着蘑菇，还

有党参、黄芪、贝母等药材。山壑中有珍禽异兽，湖区中有鱼群水鸟，众峰之巅有现代冰川，还有铜、铁、云母等多种矿物。天池一带如此丰富的资源和奇特的自然景观。

日月潭

日月潭又称龙湖或天池，是台湾的"天池"，为台湾省最大的天然湖泊，也是全国少数著名的高山湖泊之一。它位于南投县中部鱼池乡之水社村。

日月潭地处玉山山脉之北、能高瀑布之南，介于集集大山（潭之西）与水社大山（潭之东）之间。潭面辽阔，海拔约760千米，面积900余公顷。旧称水沙连、龙湖、水社大湖、珠潭、双潭，亦名水里社。其地环湖皆山，湖水澄碧，湖中有天然小岛浮现，圆若明珠，形成"青山拥碧水，明潭抱绿珠"的美丽景观。

潭中有小岛名拉鲁岛（旧名珠屿岛、光华岛），以此岛为界，潭面北半部形如日轮，南半部形似月钩，故名日月潭。潭水碧蓝无垠，青山葱翠倒映，环山抱水，形势天然。该潭除可泛舟游湖、赏心悦目外，其环湖胜景殊多，诸如涵碧楼、慈恩塔、玄奘寺、文武庙、德化社、山地文化村及孔雀园等。

慈恩塔

慈恩塔位于青龙山顶，塔顶高度达海拔1000千米，为日月潭的最高点。此塔是蒋介石为感念母恩而建，于1971年元月完工，用以昭示民众要恪尽孝道，永怀慈恩。

通往慈恩塔的斜坡路是一条幽静的森林小路，大约500米。慈恩塔大门处"慈恩塔"的匾额为蒋介石亲笔题写，园内还有蒋母王夫人灵位，供奉于慈恩塔前的宫殿式建筑之中。慈恩塔是采用中国宝塔式的建筑，塔高 46 米，若站在塔顶正好位于海拔 1000 米，眼前一大片山水相映的绝境会让你不枉此行。

玄奘寺

玄奘寺位于水社村青龙岗 1 号。玄奘寺为一仿唐式建筑，正方形的地砖散发着光滑与朴实感。

该寺建于 1965 年，前临拉鲁岛，后依青龙山，地理风水称该寺占"青龙戏珠"宝地，庙分两层，分别供奉玄奘舍利子与释迦牟尼佛金身。玄奘为唐朝高僧，受唐太宗之命前往印度取经，历 10 余年返国，著经纶 650 余部，与其弟子共译 75 部，得 1335 卷，对佛教在中国的发展贡献卓著。抗日战争期间，日本人在南京掠走玄奘大师的灵骨，供奉在日本崎玉县慈恩寺；1955 年，始迎灵骨回国，供奉于日月潭畔的玄光寺；1965 年 11 月，玄奘寺建成后，灵骨才迁迎入玄奘寺。寺外大墙上，刻有玄奘西域游行图与碑文三座；左为日华亲善纪念，中有大唐玄奘法师传记，右则中日佛教亲善交流纪念碑。此外，门前尚有两尊石像，殿前有大鼓一座，登梯而上可见供人敲槌的醒钟。

太　湖

太湖古称震泽、具区、笠泽、五湖，位于江苏、浙江和安徽三省交界处，长江三角洲的南部。它是中国东部近海区域最大的湖泊，是中国著名的风景名胜区，有"太湖天下秀"之称。

整个太湖水系共有大小湖泊 180 多个，连同进出湖泊的大小河道组成一个密如蛛网的水系。对航运、灌溉和调节河湖水位都十分有利。江南运河是京杭大运河的组成部分，它自镇江谏壁口引长江水南流，穿过太湖水系众多的河流和湖荡，吞吐江湖，调节水量，成为这个水网的重要干流。湖中现存岛屿 40 多个，以西洞庭山最大。东岸、北岸有洞庭东山、灵岩山、惠山、马迹山等低丘，山水相连，风景秀丽，为著名游览区。沿湖丘陵和湖中岛山盛产茶叶、桑蚕以及亚热带果品杨梅、枇杷、板栗、柑橘等。

太湖是平原水网区的大型浅水湖泊，湖区号称有 48 岛、72 峰，湖光山色，相映生辉，其有不带雕琢的自然美，有"太湖天下秀"之称。

🦋 邓尉山

邓尉山又名光福山、香雪海、梅海，是太湖风景区的一大景致。邓尉山也是斜插进太湖的一个半岛，原属江苏吴县，现为苏州高新区。相传东汉光武帝时，司徒邓禹隐居于此，他官至太尉，故名邓尉山。邓尉山的梅花似海、似雪，人称"香雪海"。有诗赞曰："入山无处不花枝，远近高低路不知。贪爱下风香气息，离花三尺立多时。"梅海边上有古刹，名司徒庙。庙中生长着 4 棵大柏，相传为邓禹所栽。这 4 棵古柏姿态各异，被分别誉为"清"、"奇"、"古"、"怪"，为一大奇观。

🌿 蠡湖

无锡西南郊的蠡湖，原名五里湖，是太湖的一个内湖，后编故事说春秋末年越国大夫范蠡助勾践灭吴后，曾偕同西施泛舟于此而改名。蠡湖的东北岸，是以水饰景的近代无锡名园——蠡园。蠡园三面临水，亭、廊、堤均傍水而筑，纤巧精致。20 世纪初，这里建有"梅埠香雪"、"曲渊观鱼"、"东瀛佳色"、"枫台顾曲"等八景，以后又建了曲岸枕水的千步长廊，堆砌了盘旋迂回的洞壑假山，使园林的景色更显秀丽的特色。

洞庭东西两山

洞庭东山因在太湖东部分而得名。东山的主峰大尖顶是七十二峰之一，山中主要古迹有紫金庵的宋代泥塑罗汉像、元代轩辕宫、明代砖刻门楼、依太湖而建的园林启园以及近代的雕花大楼等。宋塑罗汉像比例适度，容貌各异，造型正确，姿态生动，相传是南宋雕塑名家雷潮夫妇所作，制塑技艺精湛，令人赞赏。轩辕宫面阔三间，进深九檩，雄踞山垣，面临太湖，气势确是磅礴。现在东山已同大陆连为一体，成为半岛。

西洞庭山的许多山体，因采石受到破坏，但有天下第九洞天之誉的林屋洞、明月湾、缥缈峰、包山寺等，仍然景色优美，为著名景点。

羊卓雍错

羊卓雍错藏语意为"天鹅池"，是西藏三大圣湖之一，位于雅鲁藏布江南岸、山南地区浪卡子县境内，湖面海拔4441米，有700多平方千米的水面，平均水深30多米，最深处有60米。它是高原堰塞湖，大约1亿年前因冰川泥石流堵塞河道而形成，水域面积630多平方千米，大约是杭州西湖的70倍。它的形状很不规则，分叉多，湖岸曲折蜿蜒，并附有空姆错、沉错和纠错等3个小湖，历史上曾为外流湖，上述湖连为一体，湖水由墨曲流入雅鲁藏布江，但

后来由于湖水退缩成为内流湖，并分为若干小湖，其湖面高度相差不过 6.5 米，湖中山地突冗，有 21 个小岛，各自独立水面，最大面积约 18 平方千米。岛上牧草肥美，野鸟成群。此湖的一绝是它的水源来自周围的雪山，但却没有出水口，雪水的融化与湖水的蒸发达到一种动态的平衡。

据记载，羊卓雍错形似蝎子，相传曾为 9 个小湖，空行母益西措杰担心湖中许多生灵干死，把 7 两黄金抛向空中并祈愿、诵咒，又把所有小湖连为一体，其形似莲花生的手持铁蝎。流域内一些地名也与蝎子有关，如湖上游热耶白比吾、热域曲龙热耶、热域为蝎子左右角，指该地正处在蝎子的左右角之位置；居蝎子心脏位置的圆布多岛屿上有一座公元 16 世纪中叶仁增多俄迥乃兴建的宁玛派小寺遗址，寺附近还有莲花生大师的手印，湖西南还有桑丁寺，故称西藏三大圣湖之一。

因为它不是一个规整的湖泊，所以人们很难看到它的全貌。它倒像是一条自在的河流，在宽谷中随意漂洄，而后又连成片。从地图上可以大致了解它的走向。正是这种"支离破碎"使得它和草原、山峦形成你中有我、我中有你的独特格局，成为人们向往的地方。

羊卓雍错风景秀丽，站在海拔 4790 米的岗巴拉山顶向南眺望，像一块镶嵌在群峰之中的蓝宝石，碧蓝的湖水平滑如镜，白云、雪峰清晰地倒映其上，湖光山色，相映成趣。湖滨水草丰美，牛羊成群，这里还是藏南最大的小鸟栖息地，有天鹅、黄鸭、水鸽、水鹰、鹭鸶和沙鸥等多种水鸟。每当产卵季节，湖里的 10 多个小岛便成了天然蛋场，场面极其壮观。微风拂过，湖水涟漪轻漾，浮光跃鱼，令人陶醉。湖中盛产高原裸鲤鱼，其肉细嫩鲜美。

羊卓雍错的一绝是她的水源来自四周念青唐古拉山脉的雪水，但她确没有出水口，雪水的流入与自然的蒸发达到一种奇特的动态平衡。

纳木错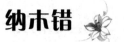

　　纳木错又称纳木湖，属于我国五大湖区的"青藏高原湖区"。在历史文献上记载，此湖像蓝天降到地面，故称"天湖"；而湖滨牧民却说因湖面海拔很高如同位于空中，故称"天湖"。藏语中，"措"是"湖"的意思。当地藏族人民叫它"腾格里海"，意思是"天湖"。信徒们尊其为四大威猛湖之一，传为密宗本尊胜乐金刚的道场，是藏传佛教的著名圣地。

　　纳木错位于拉萨以北当雄县和榜额县之间，在念青唐古拉山主峰以北，距离拉萨240千米。是西藏第一大咸水湖也是我国第二大咸水湖，世界海拔最高的大湖。湖泊形成和发育受地质构造控制，是第三极喜马拉雅运动凹陷而成，为断陷构造湖，并具冰川作用的痕迹。湖水在不断退缩，至今湖周围留有数道古湖岸线，最高一道距湖约有80米。

　　纳木错的东南部是直插云霄，终年积雪的念青唐古拉山的主峰，北侧依偎着和缓连绵的高原丘陵，广阔的草原绕湖四周，天湖像一面巨大的宝镜，镶嵌在藏北的草原上。湛蓝的天、碧蓝色的湖、白雪、绿草、牧民的牛毛帐篷及五颜六色的山花，交相辉映，组成一幅大自然美丽、动人的画面，身临其境，无不感到心旷神怡。

　　湖滨平原牧草良好，是天然的牧场。每当夏初，成群的野鸭飞来栖息，繁殖后代。湖泊周围常有狗熊、野牦牛、野驴、岩羊、狐狸、獐子、旱獭等野生动物栖居，湖中盛产高原的细鳞鱼和无鳞鱼

湖泊瀑布篇

类，湖区还产虫草、贝母、雪莲等名贵药材。

德天瀑布

德天瀑布位于中越边境广西大新县硕龙镇，为国家特级景点。横跨我国越南两个国家，排在巴西—阿根廷之间的伊瓜苏大瀑布、赞比亚—津巴布韦之间的维多利亚瀑布以及美国—加拿大的尼亚加拉瀑布之后，是世界第四大、亚洲第一大跨国瀑布。

德天瀑布起源于广西靖西县归春河，终年有水，流入越南又流回广西，经过大新县德天村处遇断崖跌落而成瀑布。距中越边境 53 号界碑约 50 米。清澈的归春河是左江的支流，也是中越边境的国界河，德天瀑布则是它流经浦汤岛时的杰作。浩浩荡荡的归春河水，从北面奔涌而来，高崖三叠的浦汤岛，巍然耸峙，横阻江流，江水从高达 50 余米的山崖上跌宕而下，撞在坚石上，水花四溅，水雾迷蒙，远望似缟绢垂天，近观如飞珠溅玉，透过阳光的折射，五彩缤纷，那哗哗的水声，振荡河谷，气势十分雄壮。瀑布三级跌落，最大宽度 200 多米，纵深 60 多米，落差 70 余米，年均流量 50 立方米/秒，所在地地质为厚层状白云岩。

瀑布四季景色不同，春天凌草泛青，山花吐艳，瀑布四周被镶起五彩缤纷的花边；秋天梯田铺金，层林尽染，高挂的银帘雾气冲天；冬天琼珠闪闪，玉液潺潺，山风把细流吹得飘飘洒洒；夏天激流如龙，排山倒海，似万马奔腾而来。

然而，德天景区风景之美，又岂止只是德天瀑布呢？奇峰夹峙，树木葱茏的黑水河，绮丽多姿的那岸奇景，怪石遍布的雷平石林和水上石林，层峦叠嶂、溶洞遍布的恩城山水及自然保护区，水平如镜、石峰玉立的乔苗平湖，鬼斧神工、造型奇特的龙宫岩，多级跌落翻滚的沙屯叠瀑，具有特殊意义的 53 号界碑，无数的古迹文物和珍稀动物……这些已经令人目不暇接了，但是素有"小桂林"之称的明仕田园和五百里画廊更是令人感觉置身在山水画廊中。

九龙瀑布

九龙瀑布群位于云南罗平县城东北 22 千米的九龙河上，九龙河从白腊背后的群山中呼啸着奔腾而来，养育着罗平大地上的各民族儿女。相传，当年神龙在这里大胜铜鼓精，从此镇守这方水域，护佑这九龙河两岸的人民。由于得天独厚的地质构造和水流的长期侵蚀，在此形成了 10 级高低宽窄不等、形态各异的瀑布群，或雄伟、或险峻、或秀美、或舒缓，美不胜收、绝伦无比。九龙十瀑之间有无数的浅滩和深潭，各显风姿。大大小小的瀑布，或细柔若丝，仿佛一根根丝线在随风飘舞，或水花翻滚，波光闪烁，或似天河泻落，势如雷霆万钧，震撼山河，或鱼群弄瀑抢水，景致迷人……

九龙大瀑布景区中首先看到的是碧日滩，清澄平静。滩下有河心小岛，将水分成三股，形成 3 个宽窄不等，高约 2 米的小叠水，这是九龙十瀑中的第一瀑。此瀑细柔若丝，仿佛一根根丝线在随风飘舞。河心岛上芦苇丛生，时有鱼群弄瀑抢水，景致十分迷人。由此拾级而上，是一座钙化天生桥，潺潺细流从桥两侧漫入潭内，与桥下的叠水汇成一月牙形钙化滩，此潭名月牙湖。再往上，则呈现出十几个 2 ~ 6 米宽的浅滩，呈扇形均匀地散开，水花翻滚，波光闪

湖泊瀑布篇

烁，这是"戏水滩"。

顺戏水滩上行，涉过4个高低不一的钙化叠水，便是十瀑中最为壮观的以堵勒大瀑布，它便是声名远播的"九龙第一瀑"。此瀑高56米，宽114米，瀑面呈弧形，瀑后有一个深约10米的水帘洞。瀑下是深不可测的半圆形脚潭。左边巨石耸立，犹如一辆古代战车驶入潭中。据当地布依族群众说，神龙大战铜鼓精时，那狂暴的鼓精便是砸在这巨石上而粉身碎骨的。

站在巨石边，只见滔滔江水从天而降，扯开宽阔的胸膛，似天河泻落，势如雷霆万钧，震撼着山河。据专家称，九龙大瀑布的规模、气势、景观与黄果树不相上下，而景点的密集程度却远远胜过了黄果树。在九龙瀑布仅4千米长的河道上，便有大小数十个钙化滩和10多级瀑布，形状奇特，植被完好，在国内也属罕见。沿着瀑布边陡峭的石阶路，攀上瀑布顶，回首俯视，碧日潭、月牙湖、戏水滩、钙化叠水尽收眼底。

诺日朗瀑布

诺日朗瀑布海拔2365米，瀑宽270米，落差20米，宽达300米，是我国大型钙华瀑布之一，也是我国最宽的瀑布。

诺日朗3个字为藏语的译音，翻译过来是男神的意思，象征高大雄伟。因此诺日朗瀑布意思就是雄伟壮观的瀑布。滔滔水流自诺日朗群海而来，经瀑布的顶部流下，如银河飞泻，声震山谷。南端水势浩大，寒气逼人，腾起蒙蒙水雾。早晨阳光照耀下，常可见到一道道彩虹横挂山谷，使得这一片飞瀑更加迷人。

瀑布对面建有一座观景台，站在台上，瀑布全景尽收眼底，秋季时，瀑布的 300 米飞流在秋色、云雾的衬托下，化成了一幕波澜壮阔的画面。

诺日朗瀑布落差 20 米，宽达 300 米，是九寨沟众多瀑布中最宽阔的一个。瀑布顶部平整如台，传说以前这里没有瀑布，只有平台。一年，远游归来的扎尔穆德和尚带回了贝叶经、铁犁铧和手摇纺车。聪明美丽的藏族姑娘若依很快学会了纺车纺线。她把纺车架到三沟交界的平台上，让过往的姐妹观看、学习，人们便叫这里为"纺织台"。凶残的头人罗扎认为她在搞歪门邪道，一脚把她和纺车踢下山崖。立刻，山洪暴发，把罗扎和帮凶冲下悬崖，纺织台就成了今天的瀑布。

壶口瀑布

世界上最大的黄色瀑布，地球上唯一的"黄色瀑布"，也是我国第二大瀑布。位于山西省吉县与陕西省宜川交界处，由宜川县城沿着 309 国道往东直达黄河即到，距县城 48 千米。壶口瀑布高度在 15～20 米之间，水量却是我国瀑布中最大。黄河流经此处时，由于两岸高山夹持，河水犹如进入一个狭窄的瓶颈，由原来的 300 米宽骤然缩减至 50 多米，最后形成特大马蹄状瀑布群。主瀑布宽 40 米，落差 30 多米，瀑布涛声轰鸣，水雾升空，惊天动地，气吞山河，为黄河第一大瀑布，也是我国仅次于贵州黄果树瀑布的第二大瀑布。

壶口瀑布古已闻名，《水经注》便有记载："禹治水，壶口始。"后世各朝文字中都有记录，如明代诗人称赞壶口道："派出昆仑衍大

流，玉关九转一壶收。"

以壶口瀑布为主体的峡谷景区，北至小河口，南至仕望河口。风景区规划面积 175 平方千米，主景区面积 27 平方千米。壶口瀑布景色季节差异大。农历三月桃花汛和十月雨季过后水量适中，最大时主瀑布和副瀑布连接在一起，烟波浩渺，无法接近。5 月和 12 月水量较小，主瀑布宽度仅有 20 多米，可以站在近处观看，体会惊天动地的感觉。夏季黄河进入雨季，洪水凶猛。冬季景色迥异，可欣赏到晶莹剔头的冰挂和酷似石狮的冰雕。

黄果树瀑布

黄果树瀑布位于我国贵州省安顺市镇宁布依族苗族自治县，是珠江水系打邦河的支流——白水河九级瀑布群中规模最大的一级瀑布，因当地一种常见的植物"黄果树"而得名。瀑布高度为 77.8 米，其中主瀑高 67 米；瀑布宽 101 米，其中主瀑顶宽 83.3 米。黄果树瀑布属喀斯特地貌中的侵蚀裂典型瀑布。

黄果树瀑布周围岩溶广布，河宽水急，山峦叠翠，气势雄伟，历来是连接云南、贵州两省的主要通道。白水河流经当地时河床断落成九级瀑布，黄果树为其中最大一级。以水势浩大著称，也是世界著名大瀑布之一。瀑布对面建有观瀑亭，游人可在亭中观赏汹涌澎湃的河水奔腾直泻犀牛潭。腾起水珠高 90 多米，在附近形成水帘，盛夏到此，暑气全消。瀑布后绝壁上凹成一洞，称"水帘洞"，洞深 20 多米，洞口常年为瀑布所遮，可在洞内窗口窥见天然水帘之胜境。

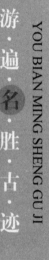

它以其雄奇壮阔的大瀑布、连环密布的瀑布群而闻名于海内外，十分壮丽。并享有"中华第一瀑"之盛誉。黄果树风景名胜区位于贵州西线旅游中心安顺市西南45千米处，镇宁布依族苗族自治县境内，东北距贵州省会贵阳市150千米，有滇黔铁路、株六复线铁路、黄果树机场、320国道、贵（阳）黄（果树）高等级公路贯通全境，新建的清（镇）黄（果树）高速路直达景区。景区以黄果树瀑布为中心，以瀑布、溶洞、地下湖为主体。

黄果树瀑布群是由18个风韵各异的大小瀑布组成，其中以黄果树大瀑布最为优美壮观，故统称为黄果树瀑布群。由于黄果树瀑布群的各瀑布不仅风韵各具特色，造型十分优美，堪称世界上最典型、最壮观的喀斯特瀑布群，而且在其周围还发育着许多喀斯特溶洞，洞内发育各种喀斯特洞穴地貌，形成著名的贵州地下世界，具有极大的旅游观光价值，分布着雄、奇、险、秀风格各异的大小18个瀑布，形成一个庞大的瀑布"家族"，被大世界吉尼斯总部评为世界上最大的瀑布群，列入世界吉尼斯纪录。黄果树大瀑布是黄果树瀑布群中最为壮观的瀑布，是世界上唯一可以从上、下、前、后、左、右六个方位观赏的瀑布，也是世界上有水帘洞自然贯通且能从洞内外听、观、摸的瀑布。

森林公园篇

九龙山森林公园

　　九龙山森林公园位于天津市蓟县，建园于 1997 年，面积 731 公顷。公园辖九龙山、梨木台山、黄花山三大景区。九龙山景区历史上曾是清代道光至同治年间的皇家园林，目前是天津市面积最大的山区森林公园。在公园东北部，万丈深谷中连绵耸立着九条山脊，恰似九龙聚首，故名九龙山。

　　公园由群山环抱，呈全封闭状。景区集古洞、幽木、奇峰、秀水于一体，以其优美的森林环境、奇特的自然风光、丰富的人文景观、优越的地理位置，成为独具特色的森林旅游区。这里山路平缓，驱车可在茂密的森林中穿行。树种为针阔混交林，300 多公顷油松林已形成茫茫林海，大面积天然侧柏在华北地区十分罕见。园内还栖息着 400 多种野生动物。置身于园内，常闻百鸟欢歌，偶见山鸡、松鼠出没，既可尽情领略松涛、清泉、花鸟等自然情趣，又可增长生物、地质知识，陶冶情操。园内峰峦叠翠，满目青葱，主要山峰147 座，最高峰梨木台山海拔 997 米。九龙山景区主峰黄花岭，海拔高 558.4 米，山势险峻。登峰远望，西眺盘山主峰，东看清代皇陵，南望碧波万顷翠屏湖，北观八仙山、九山顶和雄伟的古长城，远近景观交相辉映，构成一幅壮观秀美的图画。优美的森林环境使这里的空气特别清新洁净，被专家誉为"天然氧吧"。人们常到这里休闲、度假疗养，游览观光的同时会获得意想不到的养生保健功效。

公园内还有众多古洞和涌泉。龙泉洞幽深莫测，石花洞为京东仅有。还有腾龙洞、通天洞、连环洞、子母洞等，洞中泉水喷涌、四季长流，自然形成龙泉潭，既可古洞探险，又可戏观流水，趣味无穷。为适应游人的需要，这里建成了野生动物园、森林植物园、森林沐浴园等。观光景点众多，情趣各异。揽月亭坐落于欢喜山山顶，为三层六角楼阁式观景亭，高18米。夜登此亭，月色似银，峰影如墨。一轮皎月仿佛伸手可摘，故名揽月亭。白天登高远眺，南看碧波万顷的翠屏湖，西望盘山主峰挂月峰，北面是崇山峻岭如屏如障，脚下是苍茫林海万壑堆青。在此观景，可远望苍穹，近看林海，夏听松涛，冬观雪景，饱览祖国山河秀丽风光。松林沐浴园位于欢喜山坡北油松林中，这里空气清新，含氧丰富，松涛阵阵，泉水叮咚，既可尽情领略大森林的情趣，又可增进健康。

森林公园森林覆盖率95%以上，林海茫茫，有130多科枷哆种乔灌木，有中华秋海棠、流苏核桃楸、野葡萄等国家重点保护的珍稀树种。还有与12生肖名称相对应的植物，如猪毛蒿、狗桂花、爬山虎、蛇葡萄、拜鸡、猕猴桃等12种。高耸入云的乔木、遍野丛生的灌木以及野生花卉、药材令人目不暇接。身临其境，可观赏天然次生林的风光，仿佛进了植物王国和天然博物馆。

天然侧柏林面积60余公顷，千姿百态的侧柏从危崖石缝中生出，显示了柏树不屈不挠的抗争精神和顽强的生命力。

黄花岭为九龙山之峰，因遍地开满黄花而得名。山坡上有大面积山杏、山桃，可夏观黄花，秋摘野果，享受大自然的恩赐。黄花

森林公园篇

岭海拔 558.4 米，与天津市最高峰——九山顶、八仙山遥遥相对。登上峰顶，一览众山，近山碧绿，远山苍翠，流云薄雾，宛若仙境，京东胜景尽收眼底。

磬锤峰森林公园

磬锤峰森林公园地处河北省承德市，建园于 1993 年，面积 4020 公顷。公园环抱历史文化名城承德市，与驰名中外的避暑山庄和规模宏大的外八庙风景名胜相融，武烈河自北向南纵贯全境。

公园处于暖温带向寒带过渡地带，属温带半湿润半干旱大陆季风性山地气候，四季分明，光照充足，雨量适中，昼夜温差大，年平均气温 8.9℃，年平均降雨量 556.7 毫米，无霜期 142～168 天。

公园内土壤基岩有暗紫色、深灰色河砾岩、花岗岩、片麻岩，土壤类型为棕壤、褐土、草甸土三大类。

公园植被属温带阔叶林带，木本植物 45 科 83 属 142 种，其中乔木树种 77 种，灌木 55 种，藤缘植物 10 种，野生动物和鸟类 100 多种。

公园地形属低山丘陵区，在大地构造上属内蒙古台背斜与燕山沉陷带的过渡地带。大约在 7000 万年前全球性造山运动中，不同时代的地层随着地壳的运动上升为陆地，形成低山丘陵的地质单元，经岩浆及水中二氧化碳的溶蚀作用，产生了千姿百态的岩石造型，再经过长期的风化剥蚀，自然形成了各种奇峰、异石、岩洞、绝壁，构成了特殊的千岩竞秀、异峰峥嵘的承德丹霞地貌景观。

磬锤峰从形成至今大约已有 300 万年，它挺拔峻峭，直插云端，且上粗下细，很像洗衣用的棒槌，所以俗称棒槌山。清康熙四十一年（1702年），康熙皇帝来到热河，非常欣赏这座山，因它又像寺庙里的磬锤，因而赐名"磬锤峰"，并在诗中写道："君不见，磬锤峰，独峙山麓立其东。"磬锤森林公园也缘此而得名。在修建避暑山庄时，根据康熙皇帝的旨意，于如意湖西侧山冈之上修建了"锤峰落照"亭，以东眺磬锤峰。康熙皇帝常常登亭观夕照，并题诗赞曰："纵目湖山千载留，白云枕涧报深秋，巉（chán）岩自有争佳处，未若此峰景最幽。"此后雍正、乾隆、咸丰皇帝及许多文人墨客都曾写诗赞美磬锤峰，民间也流传着许多关于磬锤的神话传说。

从磬锤峰脚下昂首仰视峰顶，白云缭绕，两侧陡直如刀削，十分雄奇壮丽，分明是男子汉阳刚之气的象征，也是山城承德的标志。据测量，磬锤峰海拔596.29米，石棒槌高38.29米，上部平均直径15.04米，下部直径10.07米。基座高21.13米，长38米，宽3～5米，体积6508立方米，重约1620万千克，胜过西南非洲纳米比亚的"上帝拇指"，堪称世界一绝。在磬锤峰距基座18米处，山峰的半腰有一株纵横而生的蒙桑，据考证其树龄在300年以上。磬锤峰为砾石形成的沉积岩，在这种既缺土壤又缺水源的自然环境下，石缝中主干直径30多厘米、高3米多的蒙桑树仍生长得苍劲挺拔、枝叶茂密，不可不谓之一奇。磬锤峰南500米有一处凸起的天然巨石，被称为蛤蟆石，石长约20米，高约14米，其临崖有一道横向石缝，远眺该石像一只跃上蓝天的蛤蟆，昂首凸目，大嘴微启，神态逼真，惟妙惟肖。巨石底下有一岩洞，腑口人，臀口出，南北贯通，高处约1.8米，纵深9米，宽处可容十几人，最窄处只容一人匍匐而过，游人可钻其腹，攀其顶。炎夏洞内凉风习习，清爽异常，入内小憩，暑气全消。蛤蟆石以这些奇特之处被称为"绝世怪石"。

磬锤峰北200余米处，有被称为"砬壁佛光"的宝山寺，建于

森林公园篇

清朝中后期，由名僧麻祥主持建造。寺庙坐西面东，背倚和磬锤峰同时形成的石墙残留物，高约4米，长约20米。它仅构一院、辟一门，院内高台上设下殿三楹。殿内主供宗喀巴、五世班禅、七世达赖、不动金刚、弥勒佛五尊佛像，殿外南侧有吉祥天母、米拉日巴佛像两尊。以上七尊佛像均是藏传佛教中的重要天神，依山就势雕刻于石壁之上。佛像摩崖浮壁，雕刻精细，造型生动，线条流畅自然，堪称寺院之宝。

宝山寺东南百余米处，是建造宝山寺的著名僧人麻祥的墓塔。宝山寺建成后，麻祥吃住在山上，诵经不止，一直到圆寂，圆寂后葬于宝山寺东南。

磬锤峰东北侧山坡有一石幢（也有称砖塔的，现仅存遗址），上镌有4个古文字和4个篆字及龙纹。4个古字至今还没有被完全认出，4个篆字有什么含义也有待进一步研究，有可能是道教的符咒一类的东西。此石幢何时所建、为何而建，历来众说纷纭，现在尚无定论。

过石幢向东北山坡前行，所见之处曾有金代建造的关帝庙，早已无存；清代又在此修建了喇嘛庙，新中国成立前也已坍塌，现在只存有遗址和残破砖瓦。

磬锤峰西南1000米处有一长达几十米的天然洞穴——老虎洞，传说当年曾有老虎经常出没于此。公园内还有被称为承德"八大景"的罗汉山、僧冠峰、"文明福地"半壁山，以及全市最大的道教寺庙魁星楼。

公园内森林环境幽雅，树木枝繁叶茂，遮天蔽日。林木种类繁多，季相明显，林中清幽寂静，空气清新。这里春天万木复苏，生机盎然，山花烂漫；盛夏绿荫浓郁，清幽凉爽，气候宜人；金秋色彩斑斓，微风送爽，野果飘香；隆冬银装素裹，青松挺拔，迎霜傲立。

木兰围场森林公园

　　木兰围场森林公园又称塞罕坝森林公园，位于河北省围场满族蒙古族自治县境内，地处河北省与内蒙古自治区交界地带。1993年建园，总面积为94000公顷，以其优美奇特的森林草原景观和浓郁的满族、蒙古族风情，在我国众多的森林公园中独树一帜，为京津近地旅游观光、避暑消夏、赛马狩猎的最佳场所。

　　公园草木繁茂，青翠欲滴，万顷林海为野生动物的栖息繁殖提供了良好的自然环境。约有兽、禽100多种，其中有豹、鹿、黄羊、黑琴鸡、天鹅等珍稀动物。倘若到林海探幽，可聆听百鸟鸣唱之乐章。各景点、景区可开展丰富多彩、野趣横生的森林旅游活动。园内还产有丰富的土特产品，如木灵芝、金莲花、白蘑、蕨菜、黄花、金针菜、干枝梅等产品，供游客随意选购。

　　公园域内居住着3300多人，其中满、蒙古族人口占2/3。他们各自保持着本民族的文化传统，在生活习惯、建筑风格、节日文化等方面各有特色，因而使森林公园充溢着浓厚的满、蒙古族文化的气息。游人来到这里，可领略满、蒙古族的饮食风味，还可观赏蒙古包的篝火晚会、敖包相会、赛马等充满民族风情的文化娱乐活动。

　　公园处在内蒙古高原和冀北山地交汇处，森林、草原相接地带。地形、植被的相互效应，造就了这里丰富、奇特的自然景观。既可观赏山岩的雄奇、峻峭，又可领略草原的博大、广阔。茫茫林海，翠绿无垠。不同的视角，将使游人感悟到森林的独特风采。

森林公园篇

公园内有森林6.7万多公顷，其中人工林5万多公顷，天然林1.7万多公顷。林海无边，层次清晰。人工林海松柏整齐、苍翠茂盛，浩瀚无垠，气势恢宏；天然林古木参天，遮天蔽日，缠枝垂蔓，疏影横斜。与林间众多植被、建筑物构成一幅层次丰富的立体水墨画。

早春，山桃、山杏、映山红迎风怒放；初夏，金莲花、干枝梅等百花争艳，漫山遍野；金秋，白桦、五角枫、柞树层林尽染，赤橙黄绿，斑驳陆离；隆冬，云杉、樟子松、白桦等耐寒树木傲霜斗雪，生机勃勃，多姿多彩。

森林公园北、西部被广袤的草原所环抱。夏季，绿草如茵，坦荡无垠；秋季，风吹草低，牛羊成群，骏马奔驰。极目远眺，蓝天、白云与草原、羊群连成一片，间或传来骏马的嘶鸣和牧羊人的口哨，令人心旷神怡，浮想联翩。

山景森林公园自南向北，分坝下、坝上两部分。坝下为冀北山地，是阴山山脉与大兴安岭余脉的交会处，山高坡陡，沟壑纵横，奇峰林立，怪石嶙峋。坝上为内蒙古高原南缘，中部山势低矮浑圆，丘陵起伏，有如波浪翻滚；西部沙丘绵延，起伏跌宕，雄浑壮丽。游人可领略低地、高原、丘陵等不同地形地貌的特有风韵。

森林公园为辽河支流老哈河上游阴河的发源地，也是滦河支流伊逊河上游吐里根河的发源地。河道纵横，曲折蜿蜒，水流清澈，如玉带缠绕林中，若隐若现。湖淖沼潭星罗棋布，如颗颗珍珠镶嵌在林中草畔。更有一龙泉、二龙泉和玉皇溪等群泉涌溢。在隆冬白雪皑皑、千里冰封时节，众泉依然是水流涓涓，热气缭绕，成为森林公园的一大景观。

气象景观赛罕坝特殊的地形地貌，造就了这里独特的气象景观。每当晴日清晨，一轮红日自茫茫林海冉冉升起，顿时霞光万道，光芒四射；傍晚，夕阳余晖，霞光绚烂；雨后初霁，云雾缭绕，山峦、林木若隐若现，变幻莫测，美妙神奇；冬季，还可观赏到雾凇、雪凇、冰花、冰柱等独特的气象景观。

木兰围场森林公园在历史上曾是几代王朝狩猎的名苑。在五代十国时期，曾被辽帝辟为避暑狩猎之所，称"平地松林"、"千里松林"。元代为朝廷围猎之地；到清代又被辟为皇家猎苑，称"木兰围场"（木兰：满语，吹哨诱获鹿的意思）。1690 年，这里曾发生过举世闻名的"乌兰布通之战"，康熙皇帝指挥清军与叛臣噶尔丹的军队激战数日，全歼叛军，平定了叛乱。悠悠历史长河的冲刷积淀，为塞罕坝留下了众多的名胜古迹，任游人观瞻凭吊。

亮兵台又称点将台，位于森林公园东部，为一孤立巨岩，顶部是狭长平台，周围地势开阔平坦。清朝皇帝历次到坝上行围狩猎，均临此台，点将练兵，因而得名亮兵台。如今，亮兵台周围方圆十几千米均已营造起落叶松人工林。登台四顾，绿海波涌、无边无际，整齐划一的人工林如一列列方阵，使人联想起当年皇帝点将练兵的恢宏气势。

赛罕庙位于公园南部坝梁之巅。相传 1708 年秋，康熙到"木兰围场"狩猎，行至此处，见一只三足金蟾。故命人在此筑庙，内有一佛身，手托三足金蟾。后此庙虽几经兴衰，但香火一直不断。后人又在庙对面建一塞罕塔，塔高 21.2 米，呈火箭式，直插云天，凌空欲飞。置身塔顶，北望，万顷林海连绵不绝；南瞰，群山众壑尽收眼底；西眺，辽阔草原坦荡无垠，实乃木兰围场森林公园的一大胜景。

塞罕敖包位于森林公园东北角，与内蒙古交界，系石块堆就。大小有 7 个，呈雁阵式排列，中间一个高达 3 米，两翼各有 3 个，排列整齐，场面壮观。相传是金人为了拜祭其民族英雄金兀术而建。

如今，每逢6月13日，附近的蒙古族居民聚会于此，在敖包前焚香祭拜，祈祷神灵庇佑，人称敖包会，成为当地一大民俗。

此外，森林公园内还有塞北佛石庙、翠花宫、十二座连营、御道沟、上营盘等古迹；外围有大观景山、龙潭沟、温泉、东庙宫、七通碑、摩崖、古长城、白塔等人文景点。每一处都蕴含着深远的历史背景，流传着优美动人的传说。

盖州森林公园

盖州森林公园位于辽宁省盖州市，建于1992年，面积1600公顷。盖州森林公园自然条件优越，动植物资源丰富，历史悠久，文化发达，文物古迹众多，海陆交通便利，是一个集山、林、海和人文景观于一体的综合性森林公园。先后开发了赤山、青龙山、熊岳海滨浴场、青云莲花山、和尚帽山、烟囱山城6个风景区。各景区自然景观奇特，古迹众多。

赤山风景区位于盖州城东南45千米处，自古以来就是著名的风景名山之一，是明清时代兴起的道教圣地。山上峰奇石怪，林荫蔽日，大小景点40余处。纵观全貌，那并排崛起的旋门、五洞、天桥、天池、三清五座高峰，在晨曦的照射下，与朝霞辉映，红光耀眼，宛如染红的五指直插云天。

游赤山风景区有两条路线，一条经罗屯贵子沟村，从西南沿深谷入山；一条经矿洞沟乡上顿村，从东北翻越十八盘岭上山。十八盘岭顶部即是赤山风景区入口，此处建有一座横贯南北的高丽城，是以前的军事防御设施，城墙依山设险，全长2289米。

游人登上十八盘，翻越高丽古城，到处可见层峦叠嶂、奇峰陡峭、怪石嶙峋、溪水潺潺的迷人景色。神奇动听的传说、不胜枚举的景点自然会把您带入一个令人神往的世界。

山中明清时代修建的龙潭寺位于主峰"三清峰"（海拔 891 米）的南半腰，四周群山环抱，山林掩映。龙潭寺原名凯捷寺，相传是唐朝李世民为纪念战争胜利班师奏凯而建。明万历年间重修时因寺前有一池清水名曰龙潭，故改名为龙潭寺。寺西有西阁建于 4 米多高的石壁顶端；寺东数十米处建有历代道人坐化升天的合利塔群。以龙潭寺为中心，西阁、东塔构成了赤山景点之最。

赤山的自然景观主要有 7 洞 2 桥等名胜。7 洞为仙人洞、穿心洞、背阴洞、月牙洞、水帘洞和大小朝阳洞；2 桥为大天桥、小天桥。仙人洞位于贵子沟，洞深莫测，据传有清代邓、郑两位道士曾在此洞中修炼，倚石为床，以月为灯，先后坐化成仙，故取名仙人洞。

背阴洞位于南山脚下，坐东面西，洞中长年不见天日，洞里宽广似厅，能容百人。据说当年老道士赵教仁终日打坐其中，直至坐化归天。与背阴洞对峙的孤山上有一透心山洞，名穿心洞，洞长 17 米，高 3.3 米，洞中岩石参差危耸，欲坠不坠，常有飞燕往来，野鸽栖息。穿心洞对面北山中间有大小朝阳洞，此二洞坐北向南，阳光直射洞中。新中国成立初期，朝阳洞曾一度为当地土匪盘踞，解放军火攻朝阳洞，击毙匪首，被传为佳话。

其他还有亭、潭、溪、泉、龙凤山、孔雀壁、狮象山等众多景观。

在闻名遐迩的熊岳望儿山东南，横卧一座美丽的山峰，山上苍松翠柏连绵起伏，远远看去像一条起舞的巨龙，这就是旅游胜地青龙山。青龙山位于熊岳城东南 8 千米处的陈屯乡境内。山中喇嘛古

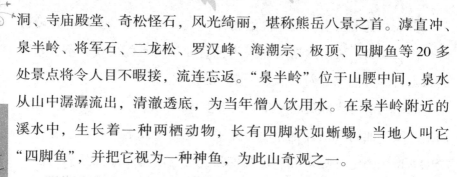

洞、寺庙殿堂、奇松怪石，风光绮丽，堪称熊岳八景之首。潺直冲、泉半岭、将军石、二龙松、罗汉峰、海潮宗、极顶、四脚鱼等 20 多处景点将令人目不暇接，流连忘返。"泉半岭"位于山腰中间，泉水从山中潺潺流出，清澈透底，为当年僧人饮用水。在泉半岭附近的溪水中，生长着一种两栖动物，长有四脚状如蜥蜴，当地人叫它"四脚鱼"，并把它视为一种神鱼，为此山奇观之一。

距熊岳城西 6 千米的渤海岸边，北起鲅鱼圈港口，南至九垅地仙人岛，有一条 16 千米长的海岸线。这里滩平沙细，水质清新，每年都吸引着数以万计的游人来此追波逐浪，遨游大海。每逢夏季，紧临海岸有一条海防林带，槐花飘香，林荫蔽日。当游人沐浴小憩，漫步林间，耳闻阵阵涛吼，目睹浩瀚的大海，便觉心旷神怡，恋而忘归。

和尚帽山位于熊岳城南九寨镇境内，是熊岳地区群山的主峰，因其山形前俯后仰，状如僧帽而得名。山中奇石、瀑布等景观众多，自古以来就列为熊岳八景之一。由谷口入山，山势奇伟多姿，处处引人入胜。东有峻峭岩石，状如猿猴，名曰"猴石"。猴石雄踞山巅悬崖之上，更有拔地探天之势。西有险峻高奇的无桥磊，令人望而生畏。

盖州城东南群山围绕之中有一独峰突起，远远望去宛如一座烟囱指向天空。山上建有一座 500 米方圆的高丽古城，石叠的城门至今犹存，隘口、瞭望台仍凌空独立。城外峭壁上有明代刻的"天仙居"3 个大字，虽久经风雨剥蚀，今仍历历在目。

五女峰森林公园

　　五女峰森林公园位于吉林省集安市老岭山脉南坡国营太王林场经营区内，1992 年建园，面积 6866.67 公顷。公园海拔 1350 米，年平均气温 6.5℃，年降雨量 947 毫米，属亚温带大陆性季风湿润气候。森林覆盖率 94.5%，森林资源以天然次生林为主，并有刺楸（qiū）、水曲柳、天女木兰、紫椴、红松、赤松等珍贵树种。植物花卉有杜鹃、野丁香、五味子、红景天等，长白山植物系与华北东南缘植物带相互交融，构成特有的森林植物景观。野生动物有黑熊、野猪、狍子、獾、狐狸、山兔子、山鸡、松鼠、蛇等。

　　森林公园共有较大山峰 26 座，其中海拔 1 千米以上的有 17 座，海拔最高的 1337 米，最低的 693 米。在各座山峰中以五女峰最为壮观。传说很久以前，有 5 位聪明伶俐、美丽善良的仙女，不甘天宫寂寞，偷下凡界到此游玩，后来便留在了人间变成了 5 座山峰，即天女峰、玉女峰、参女峰、秀女峰、春女峰。这里不仅有高山奇峰，还有形态各异的天然石洞和丰富的水源。山下有小青沟河和前房沟河两条小河，山上有一处壮观的天然瀑布和三处泉水，这三处泉水根据民间的传说分别得名为"长寿泉"、"壮阳泉"、"美容泉"。

　　五女峰森林公园是以幽美的自然景观为主体、人文景观和历史遗迹为衬托的森林风景旅游区。园内有十大景区，现在对游人开放了老虎岩、幽谷银瀑、观峰台、五女峰、洞天皓月、仙人台、美容泉、园址等八大景区，在这八大景区内共有自然景观和人文景观 30 多处。

森林公园篇

老虎岩景区位于绿水桥的公园步道入口处，是游人步行出入公园的主要集散地。景区内以人文景观为主，主要景点有步行道山门、入口广场和城垛式护栏、花岗岩条石通道、老虎岩等。

幽谷银瀑景区是一处 960 多米长有山有水有奇景的幽静美丽的峡谷。峡谷内一条清澈纯净的小河顺流而下，河谷两侧，20 多米高蜿蜒起伏的悬崖石壁上生长着各种树木，呈现出独特的幽谷美景。峡谷内夏季空气十分凉爽，有"天然空调机"之称。主要景点有幽谷廊房、五女戏水、峡谷跌水、幽谷银瀑等。

五女戏水位于距景区入口 50 米的两条河流的交汇处，是传说中 5 位天宫仙女经常游玩和洗澡的地方，在河滩的卧石上刻有"五女戏水" 4 个大字。

在峡谷内 200 米处有一道滚水坝拦住了奔流的河水，使河水翻坝而过，形成一道落差 3 米多的小瀑布和一处难得的人工湖。在峡谷内 800 米处，有一处少见的天然瀑布，碧绿的河水从山崖上飞流直下，落差达 13 米，水面宽 6.5 米，水流常年不断，构成了幽谷银瀑的壮观美景。

观峰台景区是公园自然景观最集中的景区，观峰台和出世洞就坐落在这里。主要有古代高句丽采石场、须根奇功、飞来石、骆驼峰、仙人洞、观峰台、观景台等景点。

观峰台是观峰台景区的中心景点，也是这个景区的制高点。观峰台位于五女峰下，参女峰的对面，山峰被一道天然大石缝劈成两半。在石缝的顶端有一个天然的小石洞，即传说中的"出世洞"，要登峰顶，此洞是必由之路。

五女峰景区是森林公园的核心景区，也是自然景观的荟萃之地。美丽、壮观的五女峰，陡峭挺拔、奇丽秀美，恰似 5 位身披绿纱的窈窕淑女，亭亭玉立，遥相呼应。

天女峰海拔1250米，是五女峰中的最高峰，也是五峰之首，传说她是5位仙女中的老大，是她的英灵使集安的山林中长着茂密的森林和"女儿木"以及天女木兰等珍贵树种；玉女峰海拔870米，传说她是5位仙女中的老二，是她的英灵使五女峰下的绿水河旁蕴藏着丰富的优质雕刻石料——安绿石；参女峰海拔780米，她紧靠玉女峰，位于五峰的中心，传说她是仙女中的老三，下凡时带来一粒参籽，使集安成为最早生长人参的地方，成为"人参故乡"；秀女峰海拔860米，传说她是5位仙女中的老四的化身，四仙女是长相最漂亮的一位；春女峰海拔760米，是五女峰最小的一座，传说是五位仙女中的老五的化身，五仙女性格温柔，待人诚恳和气，是她的性格和英灵使集安成为"塞外小江南"。

洞天皓月风景区位于公园西部，是一处自然景观非常幽美而神奇的景区，主要景点有仙佛洞、一线天石壁和空中悬佛、"登天崖"等。

仙人洞景区除自然景观让人目不暇接外，更充满神秘色彩，主要景点有藏心洞、白蛇洞、仙人台、天兽岩、壮阳泉等。

藏心洞是五女峰左侧的一座山崖半腰的一个天然石洞，洞内有一块酷似心脏形状的石头，恰好卧在石洞中央，故名藏心洞，传说是玉皇大帝为祭奠一位仙人武士而特意转化的。

"美容泉"景区是在通往公园西侧公路途中的一处自然景观较为集中的区域。从"宝塔峰"沿公路向前走100米左右，可见从公路左侧的两个挡土墙的4个石孔内流出四股清澈的泉水，这就是五女峰著名的三处泉水之一的美容泉。传说天宫五位仙女每次下凡都要到这里品尝山泉水，洗漱打扮一番，因此传说常饮这里的水或常用这里的水洗脸，可使人皮肤细嫩，减皱增白，使人越来越漂亮，所以人称"美容泉"。此外，还有五女仙境、双龙峰、天柱峰等景点。

森林公园篇

园址景区是游人集散的中心，也是公园为游人提供各方面服务的中心地带。园址景区主要人文景观有静心亭、大幅壁雕、五女塑像、独拱石桥等。五女峰森林公园的景观景点赏心悦目，使游人流连忘返。

瓦屋山森林公园

瓦屋山森林公园位于四川省洪雅县，建于 1993 年，面积65866.67 公顷。

瓦屋山早在隋唐时期即以雄、奇、险、秀、幽闻名于世，尤以"神奇"著称，与峨眉山并称"蜀都二绝"。它具有茂密的原始森林，气势磅礴的瀑布，幽邃深广的岩溶洞穴，变幻无常的天象——云海、日出、佛光、瑞雪景观，悠久的人文历史，神秘的宗教。瓦屋山历来被称誉为"水的世界，花的王国，洞的天下，雪的摇篮，云的故乡，动、植物的博物馆"，是我国为数不多的未被污染和人为破坏的自然风景区之一。"瓦屋千层似削成，仙人闭户石嶙嶙。"遥望瓦屋，巍峨伟岸，气势雄伟。13.2 平方千米之广、万仞之高的高台山塬，巍然矗立于群峰之上。82 座山峰，84 条岗峦环卫左右，气势恢宏。登高俯视，山峦叠嶂，群峰戟立。四环远眺，峨眉峙立东南，似青衣淑女；西望贡嘎，横亘天际，白雪皑皑，晶莹玉立；南眺晒经，如屏如案。瓦屋山层峦叠嶂，深溪幽潭，峡谷窄箐。参天的古松，偃蹇的杜鹃，浓荫匝地，筛月漏日，猕猿嬉戏枝头，雉鹿漫步幽径。冬残春晓，银装素裹，冰地雪天，珠帘玉柱；春末夏初，幽兰飘香，杜鹃怒放。瓦屋山风光之奇，令人叫绝，奇水、奇洞、奇石、奇树、奇物俯拾即是。据考证，泉眼约 80 余处，瀑布 70 余条。以万仞之高的山巅，溪流洄环，飞瀑周匝。兰溪、鸳溪、鸯溪三大瀑布更是壮丽绝伦。瓦屋山洞多而异，已发现的大溶洞有 24 个，小溶洞则无可胜数。幽邃深广，钟乳遍布，形态奇异，宛如一座座艺术宫殿。最大的燕子洞洞内有洞，洞上有洞，称蒸楼，数以万计的紫燕栖息于此。大法洞、三霄洞、老龙洞等，因路险、洞奇，还有待探险家释迷。罗汉阁下的雷洞，千佛寺侧的晴雨洞，更是神奇诡异，宋人王象之说："雷洞在瓦屋山罗汉阁下，不甚广而深不可测，投以瓦石，应乎雷震。"瓦屋山系火山喷出的玄武岩构成，熔岩结晶柱状山体及熔岩石林屡见不鲜，奇形怪状，百态千姿。有的如金刚怒目，有的肖罗汉飞升，有的似佛僧参禅，有的若宰辅垂绅，有的若猿猴嬉戏。峥嵘矗立，仪态万方。

贡嘎山海螺沟冰川森林公园

贡嘎山海螺沟冰川森林公园位于四川省甘孜藏族自治州泸定县摩西镇。景区总面积 200 平方千米，距成都 280 千米，距康定城 101 千米，距泸定县城 52 千米。海螺沟景区融现代冰川、原始森林、温泉为一体，构成了我国特有的低海拔低纬度冰川自然景观。贡嘎山是至高无上的万年雪山，历来被人们作为神来朝拜。

贡嘎山海螺沟冰川森林公园的冰川是目前世界上已发现的为数极少的一年四季均可登上的低纬度、低海拔现代冰川。它有冰川 70多条，冰川面积数百平方千米，是横断山系与青藏高原东部最大的冰川群。其中海螺沟 1 号冰川是最大最长最壮丽的一条，它跨越于

森林公园篇

海拔 2850~6750 米，自高而低由粒雪盆、大冰瀑布和冰川舌所组成，尾端伸进原始冷极杉森林带，堪称举世罕见的冰川与森林共生的自然绝景。

漫游于厚达 40~150 米的冰川舌上，可以欣赏到体态各异、造型奇特的冰川景观：具有"年鸵"意义的冰川弧拱、冰面湖、冰塔林、冰川石蘑菇、冰川裂缝、冰洞、冰桥、冰下河、冰川城门洞等。大冰布是海螺沟 1 号冰川的重要组成部分。它高 1080 米、宽达 110 米，规模巨大、气势恢宏，是目前我国和亚洲已知的最大的冰瀑布。这里终年都有频繁的冰崩、雪崩发生，当你在海螺海大冰瀑布前方的冰雪崩警戒区以外（距大冰瀑布 3 千米处）观看冰崩时，只见蓝光闪耀、冰雪飞舞；雪浪滚滚；响声隆隆、气势磅礴、震撼天宇。

因海螺沟内有一巨石，状似海螺，故此得名曰海螺沟。贡嘎山的藏语意思是雪白圣洁、至高无上的山。摩西地名由来，据《泸定县志》记载，此地古时候为氐羌系的摩些人居住地，于是以族为名，称为"摩些"，后转译为摩西。第二种说法，"摩西"一词是藏语，意思是"不懂"。在很久很久以前有汉商数人从此经过，见一静坐的喇嘛，即请教地名，喇嘛本不懂汉语，于是回答了一声"摩西"意思是"不懂"。而几个汉商不知其意，即把"摩西"（不懂）当成了地名。第三种说法倒还有几分可信，摩西的东边，有一座大山叫摩岗岭，而摩西地处摩岗岭以西，故被称为摩西。

从沟口到贡嘎山主峰有 6300 米落差，形成了 7 个明显的气候带和植被带，构成了我国和世界上最具代表性之一的自然垂直景观结构剖面。海螺沟内森林面积达 70 平方千米，是我国古老与原始生物物种保存最多的地区之一。各种野生观赏植物争奇斗艳，将海螺沟装点成五彩缤纷的世界。

游·遍·名·胜·古·迹

YOU BIAN MING SHENG GU JI